档案管理理论与工作实践研究

王韵涵　梁利镁　谢　丽 ◎著

内蒙古文化出版社

图书在版编目（CIP）数据

档案管理理论与工作实践研究 / 王韵涵，梁利镁，
谢丽著. -- 呼伦贝尔：内蒙古文化出版社，2023.9
ISBN 978-7-5521-2260-2

Ⅰ．①档… Ⅱ．①王… ②梁… ③谢… Ⅲ．①档案管
理－研究 Ⅳ．①G271

中国国家版本馆 CIP 数据核字(2023)第 180055 号

档案管理理论与工作实践研究

王韵涵 梁利镁 谢 丽 著

责任编辑	黑 虎
装帧设计	北京万瑞铭图文化传媒有限公司
出版发行	内蒙古文化出版社
地 址	呼伦贝尔市海拉尔区河东新春街 4 付 3 号
直销热线	0470-8241422 邮编 021008
印刷装订	廊坊市源鹏印务有限公司
开 本	787mm×1092mm 1/16
印 张	13.5
字 数	218千
版 次	2024年10月第1版
印 次	2024年10月第1次印刷
标准书号	978-7-5521-2260-2
定 价	78.00 元

前　言

随着现代化信息的传播，知识、经济渗透到社会的各个领域，经济一体化、文档一体化、社会信息化已经成为当今社会不可阻挡的趋势。档案部门作为收集、整理、储存、加工、传播知识与信息的枢纽，与这一社会经济变革有着密不可分的联系；档案作为信息社会众多信息资源中最基础的部分，档案的数量急剧增加，档案的内容更加丰富，档案的载体日益多样化；与之相应的档案收集、整理、分类、鉴定、保管、利用等档案信息服务模式也将产生巨大的变化，档案传统的服务体系已经不能顺应时代的潮流。因此，档案管理服务模式的创新，是知识、经济、信息社会发展的需要。

档案管理就其基本性质和主要作用来说，是一项融管理性、服务性、政治性于一体的工作，是社会各领域顺利发展的重要保障。目前，社会对档案需求的满足程度主要取决于档案管理水平的高低。因此，档案管理工作要实现新的发展必须依靠创新理念，进一步提高管理水平，应用科学手段达到高效率利用资源和高效率组织目标的高度统一。

档案管理工作是借助科学的理论和方法管理档案、提供档案，为各级党政机关、企事业单位、社会组织和个人服务的工作。做好档案管理工作，可以确保档案资料的准确、齐全、安全和及时更新，也可以不断提高社会对档案需求的满足程度，为建设中国特色社会主义事业提供必要凭证和信息保障。

时代在发展，新的科技不断涌现，为档案管理工作的创新带来了新的机遇。在这样的背景下，档案管理工作只有与时俱进，改变观念，不断学习才能不被时代淘汰。本书从档案管理工作的基础知识入手，首先论述了基于不同理论下档案管理的范围，接着着重论述了档案的收集、整理等具体的管理流程，然后在此基础上对新时代信息技术在档案管理中的应用作了论述，并且对不同方向档案管理工作的实践做了整理分析，可为档案管理工作人员提供参考。

本书在撰写过程中，参考了档案管理方面的相关权威著作，也对大量的研究成果进行了参阅、吸收和采纳，由此获得了丰富的研究资源。在此，向这些学者致以诚挚的谢意。由于时间、精力与水平有限，本书难免存在一些不足之处，恳请广大读者在阅读中批评指正。

目　录

第一章　档案管理工作认知

　　随着现代文明社会的发展，档案早已成了人们耳熟能详的一种事物，它出现在人们生活、学习、工作中，贯穿于科研、医疗、诉讼等各个方面，人人都会与它打交道。可以说，档案记录了人们整个生命的一切活动。为了保证档案的完整性、原始性等，档案管理工作应运而生。这是一项复杂而系统的工作，要对这项工作有一个清晰而全面的认识，首先必须对档案本身有一定了解，然后才能展开档案管理工作。

第一节　档案的内涵

　　档案是档案管理工作的核心内容。虽然现在的人们对档案已经不再陌生，但是对档案的起源、定义、特点等却没有一个清晰而全面的认识。鉴于此，下面将围绕档案的内涵进行详细阐述。

一、档案的起源

（一）档案名称的由来

　　中国作为一个拥有五千多年历史的文明古国，档案的历史自然也很悠长，关于它的史料可谓数不胜数，犹如繁星。回望历史长河，其名称的演化可谓漫长。

　　词源中对"档案"一词的解释是："档是横木框档，即木架柜格；案是几属，小桌子，引申为把处理一桩事件的有关文书叫一案。"档案在殷商被称作"典""册"，在西周称为"中"，在秦汉以后称为"典籍""图籍"。特别是纸张的出现和官员多在案几上办理公文，档案较多地被称为"文书""案卷""文案""案牍"。

（二）档案的发展历程

交流、沟通是人们生产、生活中必不可少的环节。以前没有文字的时候，人们表达自己的思想感情都是通过语言，这种方式虽然简单直接，但是很容易被遗忘。出于记忆的需要，古人创造了"结绳"和"刻契"来帮助人们记事。所谓"结绳"，是指在绳子上打结，用绳子的大小、位置以及绳子的不同颜色来表达不同的含义。结绳记事的方法，古代国外也有应用，被称作"坎普"，还专门设有"结绳官"，负责解释结绳表达的含义。所谓"刻契"，就是在竹片、木片、骨片和玉片上刻上各种形状的标志，以此来表达和记录某种信息。"结绳"和"刻契"虽然有记事备忘的功能，具备了档案的某些属性，但从本质上讲还不是档案，因为它们记录的情况不确定，对抽象的事物难以表达。"结绳"和"刻契"可以说是档案的萌芽。

甲骨档案是我国迄今发现最早的档案。甲骨文是公认的我国最早的文字，是清朝国子监酒王懿荣[①]于20世纪初年发现的，最初发现于河南安阳小屯村的殷墟遗址。这些被刻写在龟甲、兽骨上的文字被称为甲骨文。文字的发明及其应用于文献记录标志着人类文明向前迈进了一大步，在以后的人类发展的进程中，它被人类用以表达、交流、记录，这使它成为档案得以产生的基础。商代人们很迷信，凡举行祭祀、狩猎、战争等重大活动时，必要巫师进行占卜，并把占卜的经过、结果等情况，刻写在龟甲、兽骨上。这就给我们留下了研究商代历史的第一手材料，是商朝政治和生活直接的原始记录。

稍后又出现了简牍档案、金石档案和绿帛档案等。简牍档案是商代和西周时出现的，是以竹片、木片为书写材料，记载当时社会生产和生活情况。单一的竹片叫"简"，单一的木片叫"牍"，简称木牍。这种书写工具比较笨重，据史料记载，秦始皇[②]"日读一担"，即每天处理的公文100斤左右。20世纪我国南方地区湖南长沙，湖北江陵、云梦，甘肃敦煌等地，先后发现了大批秦、汉的简牍档案，为研究当时的历史提供了宝贵的资料。金石档案是刻写在青铜器、石头上的文字记录材料。

---

① 王懿荣（1845－1900），字正儒，一字廉生，原籍云南，山东省福山县（今烟台市福山区）古现村人。因生性耿直，行事不拘常规，故号称"东怪"。中国近代金石学家、鉴藏家和书法家，为发现和收藏甲骨文第一人。

② 秦始皇（前259年—前210年），嬴姓，赵氏，名政（一说名"正"）本名嬴政，又名赵政、也有吕政一说。秦庄襄王和赵姬之子。中国古代杰出的政治家、战略家、改革家，首次完成中国大一统的政治人物，也是中国第一个称皇帝的君主。

纸质档案的出现是档案发展史上的进步。西汉时期，我国出现了新型的书写材料——纸张，从而改变了人类记录历史的形式。东汉时期，蔡伦[①]对纸张生产进行了改进。《后汉书·蔡伦传》记载："自古书契多编以竹简，其用缣帛者谓之为纸。嫌贵而简重，并不便于人。伦乃造意，用树肤、麻头及敝布、渔网以为纸。"纸张的出现、推广为世界文明作出了重大贡献。在造纸术传到国外之前，国外也曾出现了羊皮档案、纸草档案、泥板档案等。

到了近现代，随着科学技术的发展，档案载体材料不断丰富多样，出现了音像档案、照片档案、电子档案等新型档案。

二、档案的定义

"档案"一词在明末清初已被使用。"档"在《康熙字典》中被解释为"横木框档"，就是木架框格的意思；"案"在《说文解字》中被解释为"几属"，就是小桌子一类的物品，由此引申，又把处理一桩事件的有关文书叫"一案"，并通称收存的官文书为"案"，或"卷案""案卷"。"档"和"案"连用，就是存入档架收藏起来的文书案卷。

三、档案的特点

根据档案的定义，它有以下几方面特点。

（一）来源的广泛性

档案是国家机构、社会组织和个人在各项活动中直接形成的。从某个角度来说，人的整个生命活动就是处于信息的生成、利用的循环过程之中。档案对这些信息进行了记录，它伴随着人们生命的开始而开始，并贯穿于人的整个生命活动之中。具体地说，档案来源于各种机构和个人，是在他们从事政治、经济、科学、技术、文化等活动中产生的。前者包括机关、团体、军队、企事业单位等组织，后者涵盖了家庭、家族和个人。可见，档案的形成主体几乎包括了社会活动的所有主体，也正是因为这样，所以档案具有来源广泛的特点。这个特点也使档案内容具有丰富性，档案事务具有社会性。

（二）形成的原始性

这是档案最重要的特征。原始性是指档案的历史记录性，是档案的本

---

① 蔡伦（61年/63年），字敬仲，东汉桂阳郡人（今湖南耒阳）。汉明帝永平末年入宫给事，汉和帝继位后，蔡伦升为中常侍，后加任任尚方令。蔡伦总结以往造纸经验，革新造纸工艺，改进了造纸术，终于制成了"蔡侯纸"。

质属性。档案是某一原始材料直接转化形成的，不存在事前编纂、事后编写的情况，也不是杂乱无章、随意搜集而来的。众所周知，档案是信息载体的其中一种，信息还有许多载体，如图书、情报、资料等。虽然信息载体众多，但是却不是每一种都能被视为档案。这是由档案自身的特点决定的。人们的各种实践活动、社会生活都是档案生成的源泉，它客观、直接地记录了活动主体的活动历史，是"第一手资料"，这就决定了档案具有原始性、真实性，也使档案具有了证据作用以及依据作用。而之前提到的情报、图书、资料等，是搜集、交流得来的，不是由社会活动直接生成的，属于"第二手资料"，真实性存疑，因而不具有参考价值，不能转化成档案。

（三）形式的多样性

历史是不断发展的，社会也在随之进步，因此，档案的形式也经历了多种变化。这些变化主要体现在记录信息的方式和载体发生了变化。从记录信息的方式来看，经历了刀刻、手写、录音、摄影、录像等变化；从记录信息的载体来看，经历了甲骨、金石、青铜、竹简、缣帛、纸张、磁带、胶片、光盘等变化。此外，表达方式的变化也决定了档案形式的多样性，如文字、图像、声音等。

（四）生成的条件性

档案在成为档案之前，首先是文件。但并不是所有的文件都可以成为档案，二者之间的转化必须有特定的条件支撑才足以完成。首先，要转化成档案的文件必须是已经处理完的。正在处理的文件材料不能算是档案材料，只有当一份文件已经完成了记录和传达的使命，它才具有参考作用，也才可以转化成档案。其次，文件要转化成档案必须具有保存利用价值。不是所有处理完毕的文件都可以形成档案，必须对其进行筛选，保留其中对今后工作或者科学研究有参考、利用价值的内容，这样的文件才可以转化成档案。可见，档案是文件筛选过后留下的精髓。最后，档案必须是整理后形成的有序的、完整的文件材料，不是杂乱无章的、没有条理的。换句话说，必须将文件材料按照一定的方法进行整理，才能使其成为有意义的档案。

四、档案的一般作用

档案的一般作用是指档案价值的外在具体表现形式。档案产生于丰富的社会实践中，能够广泛地满足社会需求，因此，它的一般作用很广泛。

（一）机关工作的查考凭据

档案是机关工作的查考凭据。档案是各种机关、单位过去活动的真实记录，它是任何机关单位连续工作必须查考的凭据。各种机关单位为了有效实行管理，必须切实地掌握材料。档案可以为机关、企事业等单位的领导工作和业务管理，提供证据和咨询资料，借以熟悉情况、总结经验、制订计划、进行决策、处理各种问题。若是只凭借工作人员的记忆处理各项工作事务而没有任何凭证，那就有可能造成工作的不准确。

（二）生产活动的参考依据

档案产生于社会生活实践，在记载史实情况的同时，也有反映自然环境、生产条件、社会发展、劳动经验等方面的内容。以上这些，在人们进行生产活动时都可以加以参考、参谋。

（三）科学研究的可靠资料

任何一种研究都必须以广泛的资料为基础，以资料的真实可靠性为前提。在科学研究中，档案不但能通过原始的记录提供直接借鉴，而且可以通过分析、概括、总结、实验等手段获得间接参考，因此，科学研究离不开档案。

（四）宣传教育的生动素材

和其他宣传材料相比，档案以原始性、直观性、具体性和生动性等特点见长。利用档案著书立说、作报告演讲、进行文艺创作、举办各种展览等具有强烈的说服力和感染力。

五、档案的价值及其实现规律

（一）档案的价值

档案的价值一般体现在以下几个方面。

1. 档案的凭证价值

档案的凭证价值是指档案作为证据作用的价值。档案的凭证价值与其原始性密切相关。档案之所以具有凭证价值，是由档案形成规律和档案自身的特点所决定的。

从档案形成过程及其结果上看，档案是在社会实践中产生的，是被直接记录的，而不是在事后或者需要的时候编纂的、捏造的，因而具有客观性、真实性，足以令人信服。

从档案本身的物体形态上看，文件上保留着真实的历史标记：当事人的亲笔签署或者批示，机关或个人印信，原来形象的照片、录像和原声的录音等。这些都是日后查考、研究、争辩和处理问题的依据。

2. 档案的参考价值

档案的参考价值是指档案作为借鉴作用的价值。档案的参考价值与其记录性息息相关。

档案不仅记录了历史活动的事实和经过，而且记录了人们在各种活动中的思想发展。档案中有成功的经验和失败的教训，有思想观点和实验数据，有社会的变革和生产的发展，这些都可以为后来的人们提供借鉴，使人们在工作和学习中少走弯路，更加快速地达到目的。

（二）档案价值实现规律

档案价值的实现，有一定的规律，总结而言，具体如下：

1. 作用范围的递增性

档案对机关的作用一般称为档案的第一价值，对社会的作用则称为档案的第二价值。档案形成以后，在相当长的时期内是作为机关、事业、企业等单位工作活动必不可少的查考依据，档案发挥作用的对象和范围主要是档案形成者自身。这一阶段，档案的利用频率往往比较高，是发挥档案现实作用的重要时期。我国为数众多的档案室，是实现档案第一价值，并为实现档案第二价值奠定基础的重要场所。

档案的第一价值实现到一定的程度后，形成机关对这些档案利用的现实需要会逐渐淡化。档案在本单位保管若干年后，其作用便冲破原有的形成单位而扩展到国家和社会，过渡到第二价值。

2. 机密程度的递减性

档案随着人类社会活动而产生，人们的某些活动，涉及国家或个人的利益、安全及隐私，在一定时期或范围内不能公开，所以档案是有一定的机密性的。档案的机密性要求将档案的阅读和了解控制在一定的时间或范围内。档案的机密程度并非一成不变，从总体上讲，随着时间的推移，档案的机密程度将会越来越小，档案的保管时间与机密程度成反比，机密程度呈现递减趋势。

3. 作用的转移性

档案在行政领域内发挥的作用称为行政作用，在科学文化领域内发挥的作用称为科学文化作用。随着时间的推移，档案的行政作用会不断减弱而科学文化作用会不断增强。

随着时间的推移，保存时间较长的档案与现行事务的联系越来越少，档案发挥作用的范围和主要方面都会逐渐发生变化，其作用范围会逐渐扩大到社会，由主要工作的查考凭据和业务活动的参考依据逐渐转变为主要作为科学研究的可靠资料和宣传教育的生动素材，从而使档案的科学文化作用跃居首位。

4.发挥作用的条件性

档案价值的实现，受一定环境和条件的制约和影响。综合起来，影响档案价值实现的环境有以下三个：一是社会政治环境，主要包括社会制度、法律法规、国家方针、政策和战争等环境。二是社会经济文化环境，包括国家和地区的经济和文化的发展水平。一般经济文化发达地区社会文明程度较高，档案事业比较先进，社会档案意识较高，社会对档案的利用要求较多。三是档案工作内部环境，包括档案管理水平、档案学理论研究水平、档案工作者素质等。所有这些都在一定程度上影响着档案价值的发挥。

第二节 档案工作的原则与性质

档案有其自身固有的特点，而且划分标准不同，其种类也不同。这些都对档案工作提出了要求，促使其必须按照一定原则进行工作。而在档案自身特性的驱使下，档案工作具有了其他工作所没有的性质。

一、档案工作的原则

我国用国家法律的形式确定了我国档案工作的基本原则。事实上，这一基本原则，是在长期的档案工作实践过程中逐步形成和确定下来的。我国档案工作原则的内容由三个互相联系的有机组成部分构成。

（一）统一领导，分级管理

统一领导，分级集中地管理国家全部档案，这是我国档案工作的组织原则和管理体制，它是多年来行之有效的档案和档案工作"集中统一管理"原则的继续和发展。其基本内容可以概括为以下三个方面。

1.统一领导，统一管理

档案工作统一领导是指各级人民政府统一领导档案工作，国家档案工作由国务院直接领导，地方档案工作由地方各级人民政府统一领导。《档案法》规定："各级人民政府应当加强对档案工作的领导，把档案事业的建设列入国民经济和社会发展计划。"

档案工作统一管理是指中华人民共和国国家档案局（以下简称国家档案局）对全国档案工作进行全面规划，统筹安排，制定统一的档案法规和业务标准、规划等，对全国的档案工作分级、分专业管理。

2.档案工作由各级档案行政管理机构统一、分级、分专业管理

统一管理是指国家档案行政管理机关主管全国档案工作，对全国档案工作实行全面规划和统筹安排，制定统一的档案法规、方针政策和业务标准，实行统一的监督、指导和检查。

分级管理是指全国档案工作由各级档案行政管理机关分层负责管理。各地方档案行政管理机关，应按照国家有关档案工作的统一要求和规定，结合本地实际情况，制定本行政区域内的档案工作规划、制度、标准、办法等，对本行政区域内的档案工作进行指导、监督和检查。

分专业管理是指中央各专业主管机关在国家档案行政管理机关的指导下，针对本专业系统的特点，制定本专业系统档案工作的规划、制度和办法，并对本系统的档案工作进行指导、监督和检查，保证国家有关档案工作的方针政策在本专业系统地贯彻执行。

3.实行党、政档案和党、政档案工作的统一管理

实行党、政档案和党、政档案工作统一管理，是我国档案工作管理体制区别于世界各国的特点之一。

我国党、政档案和档案工作统一管理的具体内容是：一个单位的党、政、工、团档案，由该单位档案室统一管理；各级党、政机关形成的具有长久保存价值的档案由中央档案馆和地方综合性档案馆统一管理；党的系统、政府系统的档案工作，由档案事业管理机关统一进行指导、监督和检查。

（二）维护档案的完整与安全

维护档案完整与安全，是档案管理的基本要求。只有维护档案完整与安全，才能维护党和国家的历史面貌，才能保证对档案有效利用。

1. 维护档案的完整

维护档案的完整包括档案材料收集齐全和整理系统两方面：所谓收集齐全，是指凡是有保存价值的档案，都要求尽量收集齐全，不残缺，能反映出一个单位、一个系统、一个地区和整个国家社会活动的历史面貌。所谓整理系统，是指凡是有保存价值的档案，必须按照它们的形成规律，系统地整理，维护档案的有机联系，不能人为地割裂分散，或凌乱堆放，要能全面、系统地反映出一个单位、系统、地区和整个国家从事社会活动的过程和本来面貌。

2. 维护档案的安全

维护档案的安全有两方面的含义：一方面是档案实体的安全，另一方面是档案内容的安全。档案实体的安全，就是在档案管理过程中，要求尽力改善档案保管条件，采用科学的防护措施，使档案不受损坏，尽量延长档案的寿命。维护档案内容的安全，就是指档案在政治上、信息上的安全，要求对档案机密和需要控制使用的档案实行严格管理，确保机密档案不丢失、不泄密、不超范围扩散。

维护档案的完整与安全，是对整个档案工作的要求。从一定的意义上说，整个档案管理都是在进行维护档案的完整与安全的工作。维护档案的完整和安全不仅是档案保管工作的主要任务，也是档案收集、统计工作的重要任务之一，而档案整理和鉴定工作也直接有利于档案的完整与安全，就是档案的利用工作也必须在保证档案的完整与安全的条件下进行。由此可见，维护档案的完整与安全，是在档案工作中贯彻始终的一种要求。档案工作的一切管理原则、规章制度以至具体的技术处理工作，都必须贯彻这个要求。

（三）便于社会各方面的利用

档案能不能成为档案，还要看它是否能被社会各方面利用，只有被社会各方面利用，才能称之为合格的档案。而档案工作的核心是档案，自然也要以档案该性质为工作核心。可以说，档案工作都是以此为目的展开工作，并始终将这一思想贯穿在整个过程之中。

档案工作者只有牢记档案工作的根本目的，明确衡量档案工作成效的主要标准，才能较为妥善地处理档案工作内外关系中的各种矛盾，把档案工作做得更好。在档案工作基本原则中统一领导、分级管理是核心，没有统一领导、分级管理的组织保证就不会有档案的完整与安全，也就很难实现便于社会各方面利用的目的；维护档案的完整与安全是手段，便于社会各方面利用档案是目的，前者为后者提供保证和物质基础，后者是前者的目的和方向。

综上所述，我国档案工作的基本原则，是一个辩证统一的有机整体，具有丰富的思想内容。它作为全部档案工作最基本的原则，影响和决定着档案工作各个环节的一切具体原则和方法。在档案工作中，必须始终遵循这个基本原则，如此，档案工作才能正常地进行，健康地发展。

二、档案工作的性质

档案工作是一项很重要的专门事业，是实现社会主义现代化建设、开展历史研究、进行各项工作的必要条件。做好档案工作，不仅是当前工作的需要，而且是维护党和国家历史真实面貌的重大事业。

（一）档案工作是一项管理性的、科学性的工作

从档案工作自身来说，它属于一种管理性的、科学性的工作。它又以专门的工作内容及其特点，区别于其他管理工作。

一方面，就总的档案工作看来，它是一项专门业务。档案工作不生产物质财富，也不直接从事国家管理、进行决策及其他专业活动，档案主要也不是档案工作机构和档案工作者产生和利用。档案工作是专门负责管理各部门形成的历史文件的一种独立专业，属于国家科学文化事业的组成部分。国务院《关于加强国家档案工作的决定》中规定："档案工作的任务就是要在统一管理国家档案的原则下建立国家档案制度，科学地管理这些档案，以便于国家机关工作和科学研究工作的利用。"

我们可以看到，对档案的管理并不只是简单地保存、出纳，而是必须采取一套行之有效的、科学的、规范的管理方法，使其处于有机整体之中，对其甄别、筛选、归纳都有据可依、有迹可寻，使其满足社会各方面的利用。总之，档案管理离不开科学的考证、系统的整理，具有极强的科学性。

另一方面，从特定的部门、一定单位的档案工作来看，它又是某种工作管理的组成部分。档案，就其保存和流传归宿的程序，可以分为档案室阶段和档案馆阶段。档案室保存的档案，是本单位进行职能活动的历史记录。在档案室保存的阶段中，由于日常工作经常查考，所以档案参与单位管理活动。因此，档案室工作，也就是相应的工作活动的内容之一。在不同的机关，

不同档案的管理属于不同工作的管理范围，如会计档案工作和干部档案工作，分别为财务管理和干部管理工作的其中一部分。科技档案工作，则是生产管理、技术管理、科研管理的重要组成部分。

鉴于档案管理是一项科学性的工作，这就要求档案工作者必须具有相关的科学知识。首先，一个档案工作者必须具有档案学相关的知识，尤其是要熟练掌握档案管理的理论、方法与技巧，这是一个专业的档案工作者必须具有的专业基本功。同时，也要学习和掌握有关的（起码与所藏档案相关的）历史知识和部门专业知识，特别要具备识别、研究和系统地管理档案的能力；其次，也要学习和掌握与档案管理有关的一般科学文化知识，特别要具备运用于档案管理的各种方法和管理手段所需要的基础知识。应该指出，档案工作要积极地、逐步地学习和掌握档案管理现代化的知识和技能，以适应社会主义现代化建设对档案工作新的要求。

（二）档案工作是一项服务性的、条件性的工作

从档案工作同其他工作的关系来说，它属于一项服务性的、条件性的工作。尽管我们的生活中有许许多多的服务性工作，但是通过管理和提供档案为各项工作服务的，只有档案工作。

很多时候，社会主义事业发展需要档案提供信息，档案部门正是为此服务。其日常对档案的研究、整理，都是为了社会各方面在使用档案的时候更加便捷、全面、准确，保证党和国家各项工作有充足的资料得以开展。以上种种也足以表明档案工作有着举足轻重的社会地位，它将社会主义各项事业有机地、有序地联系在一起，并对党和社会各项事业提供保障服务，是一项完全的后勤性质的服务工作。

档案工作的服务性，是档案工作赖以生存和发展的基本因素。回望历史发展过程，无论在哪个历史阶段，档案都在为政治、经济、文化服务，这些既是档案的服务对象，也是其得以发展的依赖，否则档案就没有存在的必要和基础。翻看古今中外档案发展的历史，基本都是沿着这样的规律发展的。再看一看中国，自新中国成立以来，档案工作的服务对象一直是社会主义事业。在社会主义事业的推动下，档案工作得到了极大发展，但是囿于某些历史因素，档案工作有时不但没有发挥其作用，得到发展，反而出现了停滞或者倒退的现象。如今，我国进入社会主义发展新时期，国家和社会各方面都

开始越来越重视档案工作，这是因为各行各业对档案的需求越来越大，其发展有赖于档案的帮助。

第三节　档案工作的组织体系与制度建设

档案工作必须在合理、科学的组织体系下才能沿着正确的道路前行。在我国，档案工作的组织体系由档案室、档案馆、档案行政管理部门以及其他辅助性机构共同构成。制度建设是档案工作的重要部分。

一、档案工作的组织体系

（一）档案室

1.档案室的性质

档案室是各组织（包括机关、团体、学校、工厂、企业、事业单位等，下同）统一保存和管理本单位档案的内部机构，是整个机关的组成部分，属于单位管理和研究咨询性质的专业机构。党、政、军等机关单位的档案室，又是机关的机要部门之一，具有机要部门性质。从全国档案工作来说，档案室又是国家档案工作组织体系中最普遍、最大量、最基层的业务机构，应向各级国家档案馆移交具有长远保存价值的档案。

2.档案室的地位和作用

（1）档案室是各个单位的一个不可缺少的内部组织机构

档案室是机关、团体、企业、事业单位内具有参谋和咨询作用的部门，是机关工作的助手。档案室为机关的领导工作和机关内各部门的工作提供参考和依据的档案材料，为机关的工作和生产活动服务。它是提高机关工作效率和工作质量的必要条件，是维护机关历史面貌的重要机构。

（2）档案室是整个档案工作的基础

档案室是国家全部档案不断补充的源泉，整个国家档案的完整程度和连续积累，首先决定于档案室。在全国档案工作组织体系中，档案室是档案形成后首先提供利用，大量发挥现实作用的前哨。档案室中具有长远利用价值的档案最终要移交到档案馆，因此档案室档案工作的好坏直接关系到档案馆档案质量的高低。

3.档案室的职责

第一，贯彻执行有关法律、法规和国家有关方针政策，建立、健全本单位的档案工作规章制度。

第二，指导本单位文件资料的形成、积累和归档工作。

第三，统一管理本单位的档案和相关资料，积极组织提供利用，定期把具有长远保存价值的档案向有关档案馆移交。

第四，监督、指导所属机构的档案工作。

（二）档案馆

1.档案馆的性质

根据《档案法》和有关文件的规定，档案馆属于党和国家的科学文件事业机构，是永久保管档案的基地，是科学研究和各方面工作利用档案史料的中心。

我国多数档案馆是统一保管党组织和政府机关档案的管理部门，所以它既是党的机构，又是国家的机构。根据有关文件的规定，各级档案馆是各级党委和人民政府的科学文化事业机构。

2.档案馆的主要职责

中央和地方各级国家档案馆，是集中保存、管理档案的文化事业机构，由中央和地方各级档案行政管理部门或者有关部门管理，主要职责包括以下内容：

第一，收集和接收本馆保管范围内对国家和社会有保存价值的档案。

第二，采取各种形式开发档案资源，为社会利用档案资源提供服务。

3.档案馆的类型

档案馆的类型主要有以下四种。

（1）综合档案馆

综合档案馆是按照行政区划或历史时期设置的管理规定范围内多种门类档案的具有文化事业机构性质的档案馆。这种档案馆中，按照行政区划设置的，如四川省档案馆、北京市档案馆等；按照历史时期设置的，如中国第一历史档案馆、中国第二历史档案馆等。

（2）专业档案馆

专业档案馆是管理特定范围专业档案的档案馆，它可以按照载体形态设置，也可以按照某一专门领域设置。这种档案馆中，按照载体形态设置的，如中国电影资料馆、中国照片档案馆；按照某一专门领域设置的，如吉林省地名档案资料馆。

（3）城市建设档案馆

城市建设档案馆是以城市为单位建立，接收、保存城市范围内在城市规划、建设、维护、管理活动中形成的需要长远保存的档案的科技事业单位。根据国家要求，20万以上人口的大、中城市必须建立城市建设档案馆，如成都市城市建设档案馆。

（4）部门档案馆

部门档案馆是专业主管部门设置的管理本部门及其直属机构档案的档案馆。这种档案馆，如中华人民共和国外交部档案馆等。

（三）档案行政管理部门

1. 档案行政管理部门的性质

档案行政管理部门是具有政府行政管理职能的档案事业管理机构。档案行政管理部门本身并不直接管理档案，它是监督、指导和检查档案工作的行政机关。

2. 档案行政管理部门的地位和作用

档案行政管理部门是我国档案工作组织体系中的行政系统，是国家档案事业的组织和指挥中心。国家授权各级档案行政管理部门管理国家档案事务，它在整个档案事业发展中起着决策、规划、组织、协调、监督、指导和检查的作用。

3. 档案行政管理部门的基本职责

《档案法》规定："国家档案行政管理部门主管全国档案事业，对全国的档案事业实行统筹规划，组织协调，统一制度，监督和指导；县级以上地方各级人民政府的档案行政管理部门主管本行政区域内的档案事业，并对本行政区域内机关、团体、企业、事业单位和其他组织的档案工作实行监督和指导；乡、民族乡、镇人民政府应当指定人员负责保管本机关的档案，并对所属单位的档案工作实行监督和指导。"

4.档案行政管理部门的类型

（1）国家档案局

国家档案局是国务院直属的掌管全国档案事务的职能机构。

（2）地方档案局

地方档案局是各省（自治区、直辖市）、市（地区、自治州、盟）、县（区、旗）人民政府直接领导的掌管本行政区划内档案工作事务的职能机构，它在业务上受上级档案局指导。

（3）档案处（科）

中央和地方专业主管机关及军队系统都设有档案处、科，负责对本系统各单位档案工作进行监督、指导和检查。它们在业务上受国家档案局统一指导，地方专业主管机关的档案工作，以受地方档案局业务指导为主，同时接受上级专业主管机关的业务指导。

（四）新型档案机构

最近几年，在中国出现了一些新型档案机构，其中较为突出的是文件中心、档案寄存中心、现行文件中心和档案事务所（也称档案咨询中心）。这些机构中，除个别文件中心，一般都属于商业化的档案中介机构。

1.文件中心

文件中心是一种社会化、集约化和专业化的档案管理机构。文件中心不同于档案室，并不是一个单位内部的档案管理机构，而是介于单位和档案馆之间的一种过渡型的档案管理机构。随着我国档案管理体制的改革，这种类型的档案管理机构将会得到进一步的发展。

2.档案寄存中心

档案寄存中心是由国家综合档案馆设立的，为各类企业、社会组织以及个人提供文件与档案寄存服务的机构。目前设立的档案寄存中心基本上都属于有偿服务性的机构。它主要为不具备充分保管条件的企业单位、破产单位、社会团体、公民个人等，提供文件与档案的寄存服务。档案在寄存中心保存期间，所有权形式不变。档案馆一般只提供安全保管服务。

3.现行文件中心

现行文件中心是指在档案行政管理机关管理之下，收集、集中行政机构的现行文件，为社会各界查询、了解政府在社会管理事务方面现行政策、规定提供政务信息服务的内部机构。现行文件中心是一种宽泛的称谓，在我国档案界开展现行文件服务的过程中，称呼也各不相同，如现行文件查阅服务中心、文档资料服务中心、文件资料服务中心、现行文件阅览室等。

4.档案事务所

档案事务所是指提供档案事务服务的一种商业性档案服务机构，是一种独立经营、独立核算、自负盈亏的企业型单位。档案事务所的业务范围，主要是开展档案业务的指导、咨询，以及各种档案的劳务性服务（如技术示范，承揽档案整理、修复、数字化加工，档案文化建设，档案管理软件定制业务等）工作。

（五）档案工作的辅助机构

档案工作的辅助性机构主要有以下几种。

1.档案专业教育机构

档案专业教育机构是为档案工作培养和输送合格的档案专业人才的机构。这些机构主要有综合性大学内设置的档案学院、系、专业，以及档案中等专业学校和档案行政管理部门设置的档案干部培训中心等。

2.档案科学技术机构

档案科学技术机构是研究档案学基础理论和档案工作应用科学技术的机构。这些机构主要有档案行政管理部门设置的档案科学研究所、综合性大学设置的档案学研究室，以及中国档案学会及其各省、市的分会等。

3.档案宣传、出版机构

档案宣传、出版机构是通过各种宣传工具和出版物宣传档案工作，传播档案知识的机构。这些机构主要有国家档案局的档案出版社，以及各级档案部门创办的档案刊物所属的杂志社等。

二、档案工作的制度建设

（一）制度种类

1.工作规章

（1）明确文件形成、归档责任

机关、企业事业单位在制定有关规章、标准和制度中应提出相应的文件收集、整理和归档的责任要求。

（2）制定档案工作规定

档案工作规定是本单位档案工作的基本要求，其主要内容应包括档案工作原则及管理体制，文件的形成、积累与归档职责要求，档案收集、整理、保管、鉴定、统计、利用要求等。

（3）建立档案工作责任追究制度

对档案工作相关岗位人员违反文件收集、归档及档案管理制度，发生档案泄密、造成档案损毁等行为，单位应提出责任追究和处罚措施，并将有关要求纳入相关管理制度。

（4）制定档案管理应急预案

为应对可能发生的突发事件和自然灾害，应制定档案抢救应急措施，包括组织结构、抢救方法、抢救程序、保障措施和转移地点等；对档案信息化管理软件、操作系统、数据的维护、防灾和恢复，应制定应急预案。

2. 管理制度

管理制度是用来明确档案工作业务环节及重要专项工作管理的基本要求，主要包括以下制度。

（1）文件归档制度

应明确文件的归档范围及保管期限、归档时间、归档程序、归档质量要求。

（2）档案保管制度

应明确各门类档案的保管条件、特殊载体档案保管方式、档案清点检查办法、对受损档案的处置办法、档案进（出）库要求、库房管理要求和库房管理员职责。

（3）档案鉴定销毁制度

应明确鉴定、销毁工作的组织、职责、原则、方法和时间等要求。

（4）档案统计制度

应明确统计内容、统计要求和统计数据分析要求。

（5）档案利用制度

应明确档案提供利用的方式、方法，规定查（借）阅档案的权限和审批手续，提出接待查（借）阅档案的要求。

（6）档案保密制度

应明确档案形成者、档案管理者、档案利用者应承担的保密责任。

（7）电子档案管理制度

应对本单位各信息系统中形成的电子文件提出归档、管理和利用要求。

（8）档案管理系统操作制度

应明确档案管理系统操作人员的职责，档案管理系统软件、硬件的操作要求。

3.业务规范

业务规范主要用来明确不同门类和载体形式档案管理的基本要求，主要包括以下几种。

（1）文件档案整理规范

应明确文件整理与档案整理原则、整理方法、档号编制要求和档案装具要求等。

（2）档案分类方案

应明确分类原则、依据、类别标识、类目范围等。

（3）文件归档范围和保管期限表

应明确各类文件归档的范围及其相对应的保管期限。

（4）特殊载体档案管理规范

应明确不同载体档案收集、整理的要求和保管条件。

（二）制度建设要求

1.依法依规

档案工作规章制度制定的依据主要包括：《中华人民共和国档案法》《中华人民共和国档案法实施办法》《上海市档案条例》，国家档案局颁布的档案行政规章，国务院各部委和国家档案局联合颁布的档案行政规章，国家、本市印发的各类业务规范标准，档案行政规范性文件以及其他与档案工作有关的法律法规，如《中华人民共和国保守国家秘密法》《中华人民共和国著作权法》等，任何单位和组织制定的档案工作规章制度都不得与之相抵触。

2.切合实际

制定档案工作规章制度应以管得住、易操作为原则，不必一味求大求全。

就规章制度类别来看，工作规章是一个单位依法开展档案工作的根本依据，其基本要求应当纳入单位的规章制度及考核内容中。而管理制度和业务规范既是工作依据，又指导实际操作，着重解决"做什么"和"怎么做"的问题，应当根据一个单位档案工作的具体情况制定。如收集、整理、归档、保管、利用、安全保密等工作是档案业务的重要环节和要求，关系到档案的是否完整、系统和安全，有必要通过制度来明确责任和工作流程，作为各部门、处室共同遵守的行为准则，因此，这些是开展档案工作必须建立的工作制度。又如档案检索、统计、编研等业务工作主要由档案机构专职人员承担，对一个单位其他部门和人员来讲不具有普遍约束力。因此，可根据单位性质、规模等具体情况选择制定或纳入档案工作规定中一并制定。再如特殊载体档案、专门档案等有其管理的特殊要求，应当结合本单位档案分类方案及业务活动实际，分门别类，逐步建立健全，确保不留管理空白。

3.保持相对稳定

档案工作规章制度具有稳定性的特点，尤其是涉及文件和档案整理等方面要求的，如档案分类方案、归档文件材料整理规范等，一旦作为工作制度确立下来，短时间内不要轻易改变，否则很容易造成档案分类和文件整理标准前后不一致，给今后档案调阅和查考带来不便。

4.适时修订完善

国家新标准、新规范的出台以及档案行政规范性文件有效期届满修订等工作的开展，尤其是信息技术的发展和无纸化办公的推进，对电子文件归档管理、电子档案管理、传统载体档案数字化、档案信息安全保密等工作提出了新要求。因此，档案工作制度也必须适应新形势、新要求，适时调整和补充完善。

第四节　档案管理工作的发展趋势

随着社会的发展以及科学技术的进步，档案来源的渠道日益增加，内容也愈加繁杂，因此档案的种类越来越多。不仅如此，档案的载体也发生了更迭，不再仅仅局限于纸质。各行各业对信息的愈发重视，对档案的要求也逐渐增加。以上种种推动了档案管理工作的发展，使其呈现新的发展趋势。

一、档案管理模式趋向一体化

（一）文档管理的一体化

所谓文档管理的一体化，是建立在文书和档案工作基础上的全局观，对文件从制发到归档的整个过程进行管理，以求文件和档案管理合二为一。也就是说，将现行文件的产生、归档及档案管理纳入一个管理系统，用统一的工作方法、制度、程序对其进行管理，而不再将文件和档案置于两套不一样的管理系统，这样可以减少不必要的劳动，大大提高管理工作的效率。

上述内容的实现得益于办公自动化的普及、计算机技术的发展以及档案管理网络化的发展，这些为文档管理一体化的实现提供了技术支持。因为办公自动化的普及，人们起草文件可以不在纸张上了，计算机就能快速、简洁地完成传输和办理这些活动。在这些都进行完以后，再考虑对文件进行何种处置，是销毁还是保存，可见，这时的文件与档案之间已经不是那么泾渭分明了。在文档管理一体化的条件之下，人们可以利用系统随时对处理完毕的文档进行归档，而不是像传统的管理模式，需要耗费较长的时间、较多的人力来进行归档整理，这时的文件管理和档案管理处于一个管理系统之中，对不必要的、重复的劳动进行了删减，工作效率自然而然随之提高。

文档一体化系统是实现电子文件全过程管理和前端控制的重要平台。在文档一体化系统中，电子文件的产生、运转、归档管理等都被纳入了控制和管理的范围之内。不仅如此，在整个系统刚刚开始设计的时候，档案人员就已经参与其中，因而整个系统更能够体现文件的档案化管理思想，也更能保证电子文件的真实性和完整性。

（二）图书、情报、档案的一体化管理

一般情况下，我们将图书、情报以及档案视为三个不同的个体，它们各自有各自的特点：图书具有比较系统的知识体系，情报是用来消除不确定性的特定信息，档案是记录人们社会活动的原始信息。三者虽然特点不同，但是可以在功能上互相弥补。尤其是在信息技术飞速发展的今天，三者之间的联系更加紧密，正在逐渐走向一体化管理。图书、情报、档案一体化的管理模式具有突出的优势：首先，可以提高信息的综合度，充分组织和开发利用各类信息资源，满足生产、生活、领导决策和文化传播综合、集成的信息需要。其次，可以优化单位的资源配置，实现资源共享。近年来，许多大型

企业在以前图书室、资料室和档案室的基础上进行资源重组，建立了企业信息中心，对图书、情报和档案实施一体化管理。企业将它们纳入统一的信息管理系统，能够充分利用各类信息资源，实现资源共享。再次，图书、情报、档案的一体化管理适应了社会信息化和数字网络环境对于各类信息综合集成的管理需要和利用需要。在信息网络环境下，图书、情报、档案等各类信息资源将不再是界限分明的孤岛，而是相互渗透、相互连接的信息集成。

如今，科学技术飞速发展，网络技术、计算机技术、通信技术都呈现出猛烈的发展势头，因此两个"一体化"管理的趋势也越来越明显，这就对档案工作者提出了新的要求，即实现纵向和横向的立体发展。所谓纵向，具体而言是指加深对文件管理理论、方法等的熟悉。所谓横向，是指档案工作者要加强对图书、情报工作相关知识的了解，因为档案与图书、情报之间有着非常紧密的联系，对图书、情报有了一定的了解，才能使三者处于一体化的有序管理之中。

二、档案管理手段趋向数字化和网络化

进入 20 世纪以来，科学技术飞速发展，计算机技术的发展突飞猛进，开始融入社会的方方面面，档案管理的手段也因此发生了变化，逐渐摆脱了过去的手工管理，开始趋向数字化和网络化。所谓档案管理的数字化，是指借助计算机技术等现代信息技术，直接生成数字档案信息，或通过数字化技术，将存贮在传统介质上的模拟档案信息转换成数字信息，便于档案信息的网络传输和共享。数字化档案的产生主要有两个渠道：一是在数字网络环境下（尤其是在办公自动化环境下）直接产生大量的电子文件。通过在线或离线方式归档以后转化成电子档案。二是通过馆藏数字化，将原来存贮在纸张、缩微胶片、唱片、录音带、录像带等载体上的档案信息通过数字化处理后转换成数字信息，形成电子档案。数字化档案是实施档案网络化的必要前提。近年来，互联网覆盖的范围越来越广，档案管理网络化已经成了不可阻挡的趋势。所谓档案管理网络化，是指借助网络这一平台完成对档案信息的接收、传递、整理等工作。可以看到，随着档案管理手段数字化、网络化，档案管理工作减少了很多重复的劳动，大大提高了工作效率，也使得人们对档案信息的利用更加方便、高效。

三、纸质档案与电子文件将长期并存

在过去的很长一段时间里,档案管理工作主要针对的都是纸质的档案,整理、总结出的档案管理方法、管理经验、理论依据等也都是针对纸质档案,毫无疑问,过去一直是将纸质档案视为档案工作的管理对象。但是,随着社会的进步与科学技术的发展,承载信息的载体发生了变化,电子文件开始在档案载体这一格局占据越来越大的一片天地,并且大有将纸质档案取而代之之势。这一切似乎都表明,终有一天,办公无纸化会变成现实。可是,从很多现实情况来看,这也许不一定会变成真的。电子文件虽然便捷且利于传输,但是它是近年来才发展起来的,所以对于过去的很多信息它并不能完整收录,而且电子文件容易被篡改、毁坏,在真实性方面也逊于纸质档案。再加上长期以来,人们已经习惯了阅读和使用纸张,这一习惯很难改变。上述种种都显示,纸质档案和电子文件会长期共存。对于纸质档案,长期经验之下已经有了较为完备的理论、管理方法等,而关于电子文件的管理还需要档案人员进一步摸索、整理、归纳,此外还要协调好纸质档案和电子文件的关系,使二者协调统一。

四、档案馆的公共性和社会化服务将越来越突出

档案馆是我国档案工作机构的重要组成部分,是法定的保管国家档案资源的机构。作为一个科学文化事业机关,档案馆肩负着社会化服务的功能,在过去的很长一段时间内,档案馆的这一功能都没有得到充分的发挥,更多的还是充当着党和政府机要部门的角色。随着我国社会主义事业的建设和发展,政府职能逐渐转型,公共管理这一职能越来越受到重视。在这一举措的推动下,档案馆的社会化服务功能也得到了拓展,更多的公共档案馆开始走入人们的生活,人们对于档案馆不再陌生,不但对其认识加深,而且也普遍认可。公共档案馆由国家设立,其宗旨是面向社会和所有公民提供全方位的服务,其馆藏的主要是国家机构和相关组织在公务活动中形成的公共档案以及其他反映社会各阶层活动的档案材料。档案馆的服务对象是全体公民,并为利用者提供良好的阅档环境。

长期以来,我国各级国家综合性档案馆在馆藏结构和服务对象等方面的定位是以党和政府的机关部门为主,馆藏档案以各级党和政府部门的文书档案居多,而科技档案以及记载当地社会团体和公民的档案较少,加上档案

馆封闭的服务方式，使档案馆与社会公众之间有一定程度的疏离。因此，只有在改善馆藏机构，丰富馆藏内容，加强档案馆社会化服务功能的基础上，才有可能使我国的各级国家综合性档案馆真正发挥其公共档案馆的职能。

第二章 档案管理的主要理论以及管理范围

第一节 档案管理中的管理维度

一、管理维度的定义

维度,又称维数,英文一般翻译为 dimension(可理解为维度、方面)。维度在数学中表示独立参数的数目;在物理学中指独立时空坐标的数目;而在哲学等领域内,维度表示具有共同特征的一些事物所构成的特定区域,此时的维度是指一种视角,而不是一个固定的数字,是一个判断、说明、评价和确定一个事物的多方位、多角度、多层次的条件和概念。

所谓管理维度,是在对管理活动要素类型进行剖析的基础上,对管理活动空间范围和视角方位的具备程度、判断条件和评价标准的表示,即对管理活动赖以存在的内外条件予以描述、判定和评价的概念集合。对管理维度进行描绘与构架时,一般要从两个以上具有互斥性的视角予以划分和考察,所以管理活动包含于管理内容、管理资源和管理方式三个主要维度之中。

二、管理维度分析的背景与意义

人类社会产生伊始,出于生存和发展的需要,在人们的集体协同作业中,各类自发的或自觉的管理活动应运而生,与此同时,管理思想也萌芽和发展;19 世纪末 20 世纪初,随着工业化大生产程度的显著提高和社会经济活动的日益繁荣,管理越发得到重视,对管理活动的研究遂成体系并得以蓬勃发展,直至如今仍方兴未艾。而正是这些丰富的管理思想和丰硕的研究成果,为本书对管理维度的分析和探讨奠定了基础。

虽然对管理活动的系统研究始于 20 世纪初期,但管理思想的起源却可上溯到几千年前,国外古代管理思想萌芽可见于古埃及、古巴比伦、古希腊和古罗马的史籍。目前世界上发现的关于管理思想的最早书面记载，是5000年前西亚美索不达米亚的苏美尔人留下的。古巴比伦王国的汉谟拉比法典，涉及有关工资、交易、奖励、责任及会计等管理问题；《圣经》中也提到许多诸如管理咨询制度、授权等萌芽状态的管理思想；雅典人的城邦制，包括它的议会、民众法院等，表明当时对管理职能的正确认识，古希腊人还提出了管理普通原则；此外，古罗马的戴克里克皇帝，实行了一种把集权和分权相互结合的连续授权制度，成功地对古罗马这个庞大帝国进行了多年的控制。这些管理思想虽然有的还处于萌芽状态，相对比较粗糙，但都成为以后管理思想发展的渊源。中国是一个具有5000年文明史的古国，在其发展的历程中同样有许多值得骄傲的管理实践以及至今仍闪耀着智慧光芒的管理思想。从中国管理思想的历史轨迹来看，中国古代管理思想产生于先秦时期，最早的管理思想在《尚书》《周易》中就有所反映，系统的管理思想在战国时期就开始出现和形成，这些思想揭示了人类管理具有一些必然性和根本性的因素，具有包容性、人本性、系统性、创新性、柔和性、服务性等特点，具有极强的生命力和永恒的价值。中国古代管理思想分为系统管理思想、信息管理思想、决策管理思想。和其他现代社会科学研究一样，真正系统的管理研究是受到自然科学的启迪和影响的。一般认为，管理学科的创建是以泰勒①的科学管理为标志。泰勒以提高劳动生产率为目标，通过工时和动作研究，制定出有科学依据的工人合理工作量和合理化的操作方法，将劳动和休息时间、工具和作业环境更好地协调起来。

三、管理维度分析对于档案管理理论研究的意义

维度分析能引发对管理学研究视角、方法和理论框架的重新认识和探讨，增强管理学理论的拓展性和开放性。因此，管理维度分析对隶属其中的档案管理理论研究自然也能产生诸多作用和启示，最重要的是，有助于确认和论证档案学的管理类学科属性，有利于提升档案管理理论研究在管理学科群中的地位和影响，并能为有中国本土特色的档案管理理论研究探索一个原创性的突破口，具体有着以下三方面功能。

---

① 泰勒（Edward Burnett Tylor，1832—1917），生于英国伦敦，英国人类学家，文化史和民族学进化学派的创始人之一。

（一）以管理多维度论证档案管理学的属性和定位

档案学的管理学科属性并非一直以来就为人们所明确和关注，在中国档案管理理论研究史上，就一度将其归属于历史学的辅助学科。

20世纪30年代，以文书档案工作改革为主要内容的行政效率运动和明清档案整理热潮合力催生出近代中国档案学，产生了从《公牍通论》到《中国档案管理新论》的13本档案学旧著。见证着中国档案学形成的这13本旧著，反映了近代中国档案学的产生、发展情况及其得失特点。而单从大多书名中含有的"管理"二字就可明确得知档案学的学科属性。

档案学是一门管理性质的科学，这是由档案工作实践与历史发展所决定的，是档案事业建设的客观需要，也已为中外档案管理理论研究实际与内容所证明。明确档案学的管理学科性质对档案学的建设和发展具有方向性、战略性意义，是评估过去、展望未来的基点和准绳。

档案学是一门（信息）管理学科。较早论及于此的是《行政学·行政信息管理·档案学》一文，该文作者认为档案文书部门在长期的行政信息处理工作中积累了较为成熟的工作制度、程序、方法和组织规范，而行政信息管理是行政学的重要组成部分，也是提高行政效率的重要前提，信息管理视角是档案管理理论研究新的内容和生机。

《中国档案学的理念与模式》一书，提出实践性是管理类学科的基本特点，有效性是管理学的基本目标，而知识管理是管理学发展的必然趋势，中国档案学与这三个核心思想是息息相关的，因而其管理学科性质已得到了学界的普遍认同。此外，其还分析得出中国档案学不仅具有一般管理类学科的特征，还有着自身特有的价值取向、社会功能和发展规律的结论。

以上都从某一侧面和单一维度对档案学的管理学科属性予以认知和论述，而通过管理维度分析，将档案管理理论研究置于管理活动的三维结构中，不仅可以发现档案管理理论研究在每个管理维度都有所建树，还可论证档案管理理论研究在管理资源和管理方式两个维度上能够大有作为，有着其他管理类学科所不具备的优势。

（二）档案管理理论研究对管理实践的作用与意义

档案学既是一门管理性质的科学，也是一门应用学科，来源于实践，也必将回归实践。基于管理维度分析去认识和考察中国档案管理理论研究，不仅能引发对档案管理活动的重新认识和把握，既有助于理解和深度挖掘档案信息资源，又能凸显其对管理的保障作用，有利于减少或避免管理资源重复建设，一定程度上改变对管理资源的浪费或漠视现象，从本源上促进管理资源的最优配置；更能凸显档案管理理论研究在社会和机构管理各个维度中的作用与功能，如对管理活动中文件方式的全面分析和梳理，有助于管理方式的规范与创新，为解决当前诸多社会管理问题提供新的思路和方法，具有实践意义和现实价值。

第二节　档案管理中的管理内容

作为应用型管理学科的档案学，其研究起源和基石都是档案管理实践活动，归属于管理内容的档案与档案工作均为其最重要的研究对象，因而一直以来中国档案管理理论研究者都立足于此。此外，只有夯实管理内容维度的档案管理理论研究，才能实现档案信息的有效组织和服务优化，才能更好地为机构、社会管理提供资源和方式保障，其他维度的档案管理理论研究才会有更坚实的基础和发展的动力。

一、管理内容的含义

内容，是事物所包含的实质性事物，即事物内部所包含的实质或意义或物件里面所包容的东西，哲学上是指事物内在因素的总和，往往与"形式"相对。

管理内容即管理活动的对象及管理活动所要实现的职能和任务。也就是说，对于某一特定的管理活动和行为，其管理内容既可以是具体的对象，也可以是抽象的过程，还可以是具有更深内涵的职能，特别是许多宏观的管理活动中，对程序和职能的管理更是其日常工作的主要内容。如档案管理活动中，档案工作者和档案信息自然都是管理内容，而对文件案卷的收集、整理等过程也是管理内容。此外，档案管理机构的职能同样还是管理内容，只是考察的层面和范围不同而已。

二、档案管理理论研究

归于管理内容的档案管理理论研究包括对文件（档案）概念和现象的研究、对档案管理程序的研究、对档案管理职能的研究。

（一）内容管理与管理内容的关系

"内容管理"与"管理内容"在内涵和外延上的差异，主要缘于对"内容"和"管理"的不同解读。"内容管理"中的"内容"一词起源于出版传媒业，是一个比数据、文档和信息更广的概念，是对各种结构化数据和非结构化文档的信息聚合，在某种程度上也包含了知识；"内容管理"中的"管理"，则是指施加在"内容"之上的一系列诸如收集、鉴定、整理、定位、转发、存档等处理过程，以促使"内容"能够在正确的时间、以正确的形式传递到正确的地点和人。因而有人将内容管理定义为：组织或个人借助信息技术，通过实现内容的创建、储存、分享、应用与更新，在业务与战略等方面产生价值的过程。

"管理内容"中的"管理"则是一个广义的概念，泛指机构和社会的一切管理活动，而其中的"内容"即这些管理活动的对象以及管理活动所要实现的职能和任务。也就是说，对于某一特定的管理活动和行为，其"内容"既可以是具体的对象，也可以是抽象的程序，还可以是具有更深内涵的职能。

"内容管理"与"管理内容"的区别主要在于研究角度不同：内容管理是相对于信息技术而言，由于受到网络和信息技术迅猛发展的影响，部分研究人员和管理者过分关注和依赖信息技术的功用，而忽视对内容层面的研究和管理，内容管理的提出即意在强调对信息内容的共享和挖掘，有利于信息资产的充分开发和利用；管理内容则是相对于管理的方式和资源而言，在管理活动中将其单独列出能引发对传统管理学研究的重新审视，有利于引起对资源和方式等其他维度的关注和重视，拓宽研究的视域和范围。

"内容管理"与"管理内容"的联系和相通之处也是明显的，并且关系甚为紧密：一方面，内容管理本身就是特定机构和社会管理的内容之一，即前者包含于后者，是后者的有机组成部分，如图书情报机构最重要的管理内容就是对馆藏信息内容进行有效组织加工与提供利用；另一方面，内容管理能服务于管理内容，有效的内容管理为社会与机构管理活动提供大量有效的数据和信息，甚至直接产生价值和效益。同时，无论是关注"内容管理"还是"管理内容"，对于档案管理理论研究而言都不乏启示和运用：基于"内容管理"的研究顺应了档案管理从实体管理向信息管理转变的趋势，有助于引领档案管理者和研究人员的思维方式转变，推动档案数据库的建设，增强档案管理实践的调适功能；而从管理内容维度去探讨档案管理理论研究，有利于看到自身的长处和根本的同时，也能认识到现有研究面临挑战和机遇。

（二）以管理内容为前提的档案管理学的起源与发展

无论是国外还是中国的档案管理学研究，其萌芽和起步都是源于档案管理实践，最初的研究成果大多阶段是面向管理内容的。欧美档案学形成的直接动因是法国资产阶级大革命，源于档案事业独立地位的确立、档案集中统一管理原则的形成和普通公众利用档案权利的明确，自此，欧美许多档案学者对档案馆的性质、地位以及档案的整理、鉴定、编目、利用和公布等内容做了广泛探讨。中国档案学形成动因则是"行政效率运动"，鉴于种种原因，该运动后来以文书档案工作为提高行政效率的突破口和主要的改革对象。《行政效率》杂志上先后发表了60多篇档案工作相关文章，不少是专门讨论、总结档案管理的经验教训以及有关业务问题的。

档案学在之后的成长与壮大过程中，仍然立足于档案与档案工作等管理内容。胡鸿杰[①]曾指出，中国档案学的发展主要表现在两个方面：一是学科领域的完善，即指从单一的《档案管理学》发展成以《档案学概论》《档案文献编纂学》《科技档案管理学》《档案保护技术学》等为基本组成的学科群落；二是活动内容的拓展，是指从主要关注机关行政管理领域，延伸到生产管理、科技管理、人事管理和信息管理等众多领域。这两个方面都表明，除了本体和学史研究外，档案管理理论研究重心没有移离管理内容维度。

当前档案管理理论研究的重心和中心依然是管理内容。傅荣校[②]等在对中国知网学术资源总库中的档案学论文中的关键词进行统计分析时发现，档案利用与信息化、数字档案馆、电子文件管理、档案法制建设等是档案学的研究重点，这些无疑都归属于档案管理内容。在相当长的时期内，档案学仍将学科的基本问题归结为档案管理、档案编研、档案保护、档案技术等基本问题，将学科的理论归结为档案形成理论、全宗理论（整理理论）、文件运动理论等，其显著特征都是以"档案"这一管理对象作为研究中心。

[①]　胡鸿杰，男，生于1958年，国家二级运动员，管理学博士，中国人民大学信息资源管理学院教授、博士生导师，莆田学院特聘教授［1］，中国高等教育学会秘书学专业委员会理事长，档案职业与学术评价中心主任。

[②]　傅荣校，男，浙江大学公共管理学院信息资源管理系主任，博士、教授。为中国档案学会理事、中国档案学会基础理论委员会委员，教育部档案学学科教学指导委员会委员，浙江省档案学会常务理事、学术部主任，并任浙江大学信息资源管理研究所副所长。

（三）以管理内容为前提的档案管理学研究的界定与特征

管理内容包括管理活动的对象、流程以及所要实现的职能和任务，具体到档案管理实践，其管理内容既可以是具体的对象——文件（档案），也可以是抽象层面的档案管理程序和档案管理职能。因而档案管理理论研究只要涉及这几个方面即可归属于管理内容维度，如文件（档案）的定义、特征、类型、功能与价值，档案的收集、整理、鉴定、保管、检索、编研与统计，档案行政机构、档案信息机构的管理职能等。

根据上述界定，不难得出基于管理内容的档案管理理论研究的特征主要有以下几点。

1. 任务导向

在管理内容维度的构成中，对象、程序和职能是其核心要件，而档案实践活动最重要的管理对象是文件（档案），相关程序和职能都是围绕文件（档案）展开的，重视研究文件（档案）及相关流程和职能是与生俱来的，其出发点和立足点都是如何更好地完成文件（档案）管理的相关任务。特别是在档案史料和实体管理阶段，对资源和用户的漠视，使得关注文件（档案）的组织与保管的偏好表现得淋漓尽致，这种任务导向也是对档案管理程序和职能研究的惯性使然。

2. 体制依赖

所谓体制依赖，一是指基于管理内容的档案管理理论研究，从萌芽到形成都是特定体制的产物，在其发展和壮大的过程中，同样充斥着当时社会管理体制的烙印；二是大量相关研究都显示了对管理体制的关注和偏好，而对于解决档案管理问题也寄望于体制的建立和健全。这其实是同一问题的两个方面，正因为档案管理活动需要体制予以支撑，所以才会重视和探讨体制的改革和优化，而研究的深入又能完善体制的功能，进而保障档案管理活动的顺利进行。

3. 安全优先

由于档案信息的特殊性，为确保其完整性、真实性和可靠性，基于管理内容的档案管理理论研究对安全问题格外重视，加之原有相对封闭的档案管理体制造成的过度强调保密，使得档案管理者和研究人员长期以来紧绷着安全这根弦，一直在保管保密和开放利用之间犹豫徘徊，将对用户、服务、效率和效益等的关注降为次要和辅助地位，而面对数字环境下电子文件管理带来的挑战所表现出的畏惧和茫然，更凸显了这一爱好和倾向。

（四）以管理内容为前提的档案管理学研究的作用与功能

内容是管理活动开展的根本所在，管理资源与方式都是围绕管理内容而展开的，内容维度的档案管理理论研究不仅有助于对档案管理实践的提升和指导，也是其他维度档案管理理论研究的前提和基础，可见基于管理内容的研究是档案学的核心基础。其具体的作用与功能如下。

1. 能直接服务与指导档案管理实践

内容维度的档案管理理论研究与档案管理实践息息相关，既来源于档案工作实践，又为档案管理实际服务。即从档案和档案工作的实际出发，继续深化对档案管理的对象、程序以及职能的研究，能动地反映档案管理的客观规律，在探讨档案的形成、性质和价值的基础上，发现档案与档案工作的规律，提出档案工作的科学理论、原则和方法，以指导和服务于实际档案工作，进而有效地提高档案与档案事业的科学管理水平。

2. 是管理资源整合与保障的前提

管理资源包括人、财、物和信息等基础性资源，也包括规则、权力、人脉和文化等特有资源。档案信息作为管理活动中必需的信息资源，越来越为人们所认识和认可，很少有人会质疑档案工作是信息这种资源的重要来源和保障，但往往不甚明了档案在其他资源上的作用和影响。其实档案工作一直在人、财、物等资源配置上发挥着巨大作用：一则，健全的档案工作能保证管理资源不被随意挪用和流失；二则，管理者在计划和决策时，一般都需要借鉴过往类似活动在人力、物力和财力方面的投入情况，档案工作者如能及时调出并予以适当汇编，就能保证资源配置的合理性和时效性。档案与档案工作还是权力、人脉等隐性管理资源的基本保障，如民主体制下，越来越多地需要利用档案来证明权力的来源及其合法性和权威性。而档案与档案工作正是基于管理内容的档案管理理论研究的核心和重点，在引领档案工作革新和优化时，促进了档案这种管理资源的整合与利用，也夯实了其他资源的保障基础。

3. 是管理方式的验证与探微

一般认为，档案工作是对机构和社会管理活动进行记录，而不太认可档案工作者也是管理活动的直接参与者，这一方面是因为他们仅仅只关注管理活动的内容维度，过分狭义地理解管理的内涵，另一方面是不自觉地将档案工作的性质等同于档案的属性，认为档案管理活动总是事后的和迟滞的。其实，档案工作早已渗入文化教育和服务民生等公共管理活动的方方面面，不再仅限于对社会历史记忆的保存和为管理提供决策参考信息，档案早已经成为直接化解社会矛盾的重要依据、维护和平衡各方利益的武器，法制社会中的档案还是管理权力来源的基本凭据。因此，档案工作是伴随机构与社会管理活动的全部流程的，其本身就是一种管理手段，能在一定程度上提高管理的效率和效果。

此外，档案管理与其他的社会管理在原理和本质上是相通的，它们的管理方式是可以互相借鉴和互为利用的，许多社会管理方式可以为档案管理活动所用，而同样也可以对档案管理的方式予以输出和推广，最明显的佐证之一就是档案行政管理活动同样也需要通过文件方式得以推行。可见，内容维度的档案管理理论研究可以作为管理方式研究的参照和印证。

第三节　档案管理中的管理资源

资源是管理活动开展的前提和基础，管理内容能顺利完成、管理目标能得以实现，不仅必须拥有足够的人、财、物和信息等显性、半显性资源，还有赖于必要的权力、人脉、文化等隐性管理资源。而档案管理理论研究在管理资源维度方面有着两种功能：一是研究文件（档案）内容信息的开发与利用，信息是管理活动重要的基础性资源之一，信息活动贯穿于各个管理环节，而其中的文件（档案）信息更具确定性和凭证性，在管理活动中具有不可替代的作用和特有价值；二是研究文件（档案）是如何实现对其他管理资源的保障，特别是在保障权力、文化等隐性资源中的功能和作用。胡鸿杰指出，中国档案学实际上是一种关于管理资源重新配置与整合的理论模式，作为一门存在了数十年的管理类学科，其本身就是一种可资利用的资源，在理论上和实践上都有相当大的研究价值增长点。

一、管理资源的含义

"资源"在词典中的解释为：可利用的自然物质、生产资料或生活资料等的来源。本书所述的管理资源即为管理活动所需的资源。

一般认为，所谓管理资源无非就是传统的"人力、物力、财力"资源，再加之近年来比较吸引眼球的"信息资源"，而资源管理就是人力资源管理、物业管理、物流管理、财务管理、信息资源管理等。这些理解和认知通俗易懂，但同时也略为粗浅和表象，因为这些观点对管理资源缺乏深层次的思考与研究，只注意到了显性的基础性资源，忽略了规则、权力、人脉、文化等半显性或隐性的"特有资源"。

管理资源包括显性资源、半显性资源和隐性资源，前者如人力资源、物力资源、财力资源，中者如技术、规则和信息资源等，后者如权力、人脉和文化等。显性和半显性资源是管理活动中的"资质因素"，而隐性资源是其中的"动力因素"，这些关键、重要的管理资源实际上都是管理的命脉。

管理资源还可分为基础性资源和"特有资源"两个层次：前者如人力资源、物力资源、财力资源和信息资源等，为管理活动提供外在保障；后者如规则、权力、人脉和文化等，为管理提供内在保障。管理活动中的两类资源都是不可或缺的，如作为管理"特有资源"的"权力"是一种单方面的影响力，"单方面"是指权力的"非对称性"，这种"非对称性"的资源是"稀缺的或者具有潜在稀缺特征的资源"。规则包括"明规则"和"潜规则"，具体形态包括规章制度、道德法律、风俗习惯、社会结构等。规则的形成和行使是建立在特定的"权力诉求"之上的，而规则肩负着"权力诉求"载体的重任，离开规则管理活动无法进行，管理目标也就无法实现。

归于管理资源的档案管理理论研究包括两方面：一是研究文件（档案）内容信息的开发与利用，作为管理活动重要的基础性资源之一，信息活动贯穿于各管理环节，其中的文件（档案）信息更具确定性和凭证性，能直接服务于管理的决策和组织，在管理活动中具有不可替代的作用；二是研究文件（档案）是如何实现对其他管理资源的保障，特别是在保障权力和文化等隐性资源中的功能和作用。

二、以管理资源为前提的档案管理理论研究

（一）资源管理与管理资源之间的区别与联系

资源是一个动态的概念，不同的生产力水平和认知条件下对其内涵与外延的理解不同，但不变的是资源必须是与人类需求相关，并在人类活动中可资利用的事物，即可利用性是所有资源的本质特征。

关于"管理资源"，可将其理解为管理活动所需的资源，不仅指人力、物力和财力等显性资源，还包括技术、规则和信息资源等半显性资源，以及权力、人脉和文化等隐性资源。显性和半显性资源是管理活动中的"资质因素"，而隐性资源是其中的"动力因素"，这些资源都是管理的关键与命脉，不可或缺。

至于"资源管理"，通俗的理解，就是对各类能满足一定主体需求的对象进行有效的控制、加工、配置及利用的过程，常见的如人力资源管理、物资管理、能源管理、信息资源管理等。

资源管理是指对人力、技术、经济、信息等资源的管理，良好的资源管理应达到这些要素的统一。资源管理问题是公共管理研究的重要课题，研究资源管理能更好地发挥政府和公共职能，有利于引导市场和企业提升其核心价值，保持其竞争优势。资源范畴的拓展是公共管理和企业管理理论发展的共同需要。

"管理资源"与"资源管理"是既相联系又相区别的两个概念。两者之间的联系在于，都包含了对资源的关注和重视，只不过在对"管理资源"的研究中，一般会同时考察和比较多种资源的状态和效用，而在研究"资源管理"时，往往只着眼于某一资源，而对该资源的探讨相对更为深入和全面。同时，在任何资源管理活动中，都需要管理资源的保障和支撑，而任何管理资源也都可以成为资源管理的对象，两者是互为条件、相互依存的。

区别在于两者关于资源的内涵有所区别，这导致管理资源的外延相对较小，也就是说，几乎所有"资源"都可作为管理的对象，而"管理资源"只是其中对管理活动有益的那一部分。此外，这两个概念的出发点有所差异，"管理资源"的提出是为了探讨资源在管理活动中的功能和效用，其研究基点是管理活动；而"资源管理"研究的则是特定的资源，即如何利用适当的管理方式和手段，实现对某类资源的有效组织、加工和配置。

（二）档案管理理论研究回归管理资源的依据

1. 学理依据

吴宝康[①]将档案学定义为："是揭示档案和档案工作的性质、功能和发展规律，研究档案信息资源的管理、开发和利用的理论、原则与方法的科学。"中国档案学并不缺乏影响整个管理学科的研究领域，至少在管理方式和管理资源这个维度上都是大有作为的，管理过程的系统分析和管理资源的重新配置与整合是其最有价值的部分和基本的理论形态。

2. 实践依据

档案的信息属性已经为大多数人所认识和重视，与其他类型的信息资源相比，其以真实性和可靠性而取胜，极富参考和利用价值。管理活动中利用档案信息资源辅助决策的案例不胜枚举。同时，随着人们参政议政和维护自身权益的意识逐渐增强，其对公共管理程序和决策依据有着更多的期望和知情权，相关档案信息也就成为维护政府公信力和社会稳定的重要资源。

不仅档案信息是一种管理资源，档案工作本身也能服务于机构与管理。重庆钢铁集团档案馆的实践就是一个亮点，其不仅用丰富的档案资源充分展现自己的成就和实力，对于前来考察的洽谈者，还将其在重庆期间的公务活动进行全程摄像记录，并制作成光盘作为客户离开时的纪念礼物，以此来传递重钢的人性和诚意，为重钢赢得了巨大的经济效益和良好的社会效益。

此外，档案学的应用研究与部分基础理论（如来源原则、文件生命周期理论等），在直接指导档案管理实践中一直发挥着巨大的作用和功效。档案学理论本身就是一种特殊的资源，同其他科学理论一样，对管理活动和实践具有指导功能、预见（测）功能和解释功能，这些功能都是其价值的体现和资源的表征。

档案、档案工作和档案管理理论研究成果都可以成为特定管理活动实践所需的资源，而这些都是档案管理理论研究的内容。由此可以看出，面向管理资源的研究其实是档案学的理性回归，绝非标新立异或哗众取宠。

---

① 吴宝康（1917—2008），浙江湖州南浔人，1948 年后任华东局秘书长资料室主任、档案室主任，开始与档案工作结下不解之缘。1952 年 10 月，吴宝康调到北京，历任中共中央办公厅秘书处副处长、办公厅秘书局第三处（中央档案馆筹备处）副处长，国务院科学规划委员会资料组成员等。

（三）以管理资源为前提的档案管理理论研究的本质与特点

面向管理资源的档案管理理论研究在本质上具有双重性：一方面要研究其自身作为资源的属性和规律，即作为信息的一般特征和专有特征，研究文件（档案）内容信息在采集、描述、组织、检索、存储、传播、开发与构建等方面的规律；另一方面，要研究档案与档案工作的资源保障功能，既包括对人、财、物等显性管理资源的信息保真与保全，还要探讨对半显性和隐性管理资源的挖掘与控制。这种双重属性和功能，决定了资源维度的档案管理理论研究具有如下特点。

1. 用户导向

用户导向是资源维度档案管理理论研究的本质要求，因为资源的首要属性就是其之于主体的价值和有用性，离开对用户需求和用户倾向的了解和把握，资源的开发与保障研究就会失去动力和目标。这里的用户不单指资源的利用者，而且包括管理活动的所有主导者和参与者，其中自然也包含以机构和团体为单位的管理主体。

2. 技术依赖

基于资源的视角研究档案管理活动，必然要对文件（档案）的内容进行描述、组织和提供利用，再用传统方式去处理海量的信息，而这又是十分困难的，因此对信息技术的运用和依赖就成为必然。此外，由于文件（档案）信息的一次管理无法满足不同层面、不同类型的用户需求，因此还要对其进行挖掘、开发和构建等深层次的加工处理，技术的进步为其提供了可能和便利。在这样的背景下，对技术的关注和依赖，就成为面向管理资源维度的档案管理理论研究的偏好和重要特征。

3. 服务优先

与内容维度过分强调资源本身的安全性不同，资源维度的档案管理理论研究秉承用户至上、服务优先的理念，不仅强调开放利用，而且对资源的可用性和易用性十分关注，将用户、效率和效益等置于主要和主导地位。正因如此，这一维度的档案管理理论研究及其指导下的档案管理活动，往往更具开放性和拓展性，能涉足更宽泛的领域，开发更丰富的功能。

（四）以管理资源为前提的档案管理理论研究的意义与作用

资源是管理活动开展的前提和基础，管理内容能顺利完成，管理方式能发挥功用，都有赖于管理资源的支撑和保障。管理资源维度的档案管理理论研究的双重功能和多样特征，使得其具有不凡的意义与作用。

1. 能推动档案管理活动理念与方式创新

资源维度的档案管理理论研究关注用户、强调服务，对固守封闭的档案管理模式无疑是一个冲击，要求档案工作者在服务理念和管理方式上都有所创新，能推动档案工作的不断革新和改进，促进信息资源结构的优化。同时，面向资源的研究成果能直接指导档案管理实践，提高档案实践工作者的信息处理和服务水平，进而提升档案工作和档案工作者的社会影响力。

2. 能促进管理资源的配置优化与价值增益

加强文件（档案）内容信息的开发与利用研究，有助于管理主体对人、财、物等资源的全面把握和实时调配，有利于对权力和人脉等隐性资源的适度利用，以保证资源配置的合理性和时效性，在管理活动中具有不可替代的地位和作用。充分全面地发挥档案的资政决策和检测评价功能，就是实现档案这种资源的价值增益与转化。

3. 能提升档案学在管理学科群落中的地位

档案本身是重要的管理信息资源，档案工作在管理活动中能对包括自身在内的各类资源予以保障和优化，而这些都是档案管理理论研究的对象和内容，也是其优势和强项。从资源维度去认识档案学能提升研究主体对本学科的认知度和自信心，有利于引发其他管理类学科乃至整个科学界对档案管理理论研究的肯定和重视，进而有效提升档案学的学科地位。因而可以说，这一维度的探讨和成果是档案管理理论研究的价值增长点。

三、档案管理中档案信息资源的一次管理

中国人民大学的刘耿生[①]认为，档案信息资源的开发、利用是有层次的，并在其《档案开发与利用教程》一书中将其分为第一次开发、利用和第二次开发、利用等。他认为对档案信息资源的第一次开发、利用，是指按一定原则和要求，对档案原件进行收集、分类、鉴定、统计等处理，并编制检索工具的过程，主要是对档案实体的开发，也可以称为第一次整理，其目的是方便读者利用，并保护档案原件；而第二次开发、利用，或称第二次整理，是

---

① 刘耿生，男，1944 年 9 月生，中国人民大学信息资源管理学院教授，博士生导师，中国档案学会会员、中国档案学会档案编纂委员会委员、中国台湾政治大学历史系客座教授。

对档案信息内容进行开发、利用，即按照社会利用规律，对价值较高的档案信息予以抽取，经过科学的再加工，生产出档案文献信息产品的过程。这种认识是针对纸质等实体档案而提出的，虽然不能直接引用至数字环境下档案信息资源的开发层次划分，但不无借鉴意义。

基于此，这里提出档案信息资源管理可划分为两个层面：一次管理和二次管理。前者是指通过对文件（档案）信息的采集、描述、组织、检索、存储、传播与服务等，保障档案信息资源的可用性；后者则是针对档案信息资源的内容与特征，对文件（档案）信息进行开发、构建与营销，旨在实现档案信息资源的易用性。

在此将分别对文件（档案）信息的采集与描述、组织与存储等方面的研究予以适度展开。当然，探讨档案信息资源的一次管理也离不开文件（档案）信息检索的研究，且现代档案检索与信息检索在原理上是相通的，在技术上是互用的，在研究上是重叠的，故此不再赘述。

（一）文件（档案）信息的采集与描述

1. 档案信息采集

所谓信息采集，指的是信息机构和信息人员，根据一定的目的和需求，通过购买、征集、交换等方式，获取各种形态的信息并予以汇集的过程。信息采集来源包括文献型信息源（如图书、报纸、期刊、政府出版物、公文、报表等）、口述型信息源（如电话、交谈、咨询等）、多媒体型信息源（如广播、电视、多媒体数据库等）、实物型信息源（如展销会、博览会等）。

广义的档案信息采集，是指对档案及其相关信息进行捕获、登记、分类、添加元数据和存储的过程。就获取途径而言，可分为原始信息采集和二次信息采集两大类，前者是指从实际对象那里直接取得的第一手信息，后者是指对他人业已收集或积累的信息资料的再收集。而从采集对象来看，可分为三类：一是档案的内在信息，即档案的内容信息，这是档案信息的基本部分；二是档案的一般特征信息；三是档案的历史联系信息。狭义的理解仅指获取和登记档案的内容信息。

档案信息采集是档案信息资源管理的前提和基础，是档案信息资源一次管理的起点，其质量的好坏决定了档案信息管理整体水平的高低，可见，研究档案信息采集具有极强的实践指导价值。同时，由于档案信息的特殊属性，如要求保证其真实、完整性和可靠、可用性，因此对信息采集的研究还能够保证其他环节相关研究的顺利开展和价值实现，具有理论基础意义。档案信息采集研究的主要内容有：档案信息采集的意义与基本要求，档案信息采集的对象与特点，档案信息采集的原则与方法，影响档案信息采集的内外因素研究，档案信息采集的标准与评价等。

2. 档案信息描述

档案信息描述是指按照一定的规则和技术标准（如档案著录规则、档案与电子文件元数据标准等），对档案信息的外在特征和部分内容特征进行系统说明并予以记录的过程。信息描述以文件（档案）信息的外在特征为主，但也不乏对内容特征的描述，具体包括对档案信息的物质形态、主题内容和形式特征等进行分析、选择和记录。

首先，通过信息描述，能将文件（档案）信息的内容特征（如概要、主题等）、外表特征（如责任者、题名、密级、来源出处、形成时间等）和物质特征（载体类型、装订、页册数等）加以表述和记录，能有效揭示文件（档案）信息的内涵与特征，加深对信息的理解和把握。可见，研究档案信息描述，有利于提升对文件（档案）信息识别和揭示的水平，从而更好地对海量的档案信息资源进行有效的组织和定位。其次，通过对档案信息描述的研究，有利于把握并依据档案信息和用户的特点，同时通过对信息描述结果数据的分析，科学地选择和确定检索点，以提高档案信息检索质量和利用水平。此外，相关研究还能加强档案信息描述标准和格式的兼容性和统一化，这极大地方便了不同档案机构之间的信息交换，也能据此实现异构资源的整合和共享。

档案信息描述研究的主要内容有：档案信息描述的原则与要求，档案信息描述的基本方法与技术，档案信息描述的标准与标准化研究，专业或专门档案的信息描述，不同载体类型档案的信息描述等。

（二）文件（档案）信息的组织与存储

1. 档案信息组织

档案信息组织是基于对信息内容、结构、形态特征的分析和描述，根据检索和利用的需要，对文件（档案）信息进行选择、标引、处理和储存，使其成为有序化集合的活动过程。一般认为档案信息的组织有分类组织法（如职能分类）、主题组织法（如档案主题词分类）、时空组织法（如大事记与年鉴）、字顺组织法和随机组织法等。

档案信息组织是档案管理的重要环节，一则它本身就是加工和开发档案信息的主要手段，二则能为档案信息的检索和传播做好铺垫和准备。研究档案信息组织，有利于优化和丰富信息组织的方式手段，通过甄别、重组和精化信息，促进档案信息的有序化，以充分有效地利用存储空间，在一定程度上解决档案信息分布普泛性和信息效用个体性之间的矛盾。

档案信息组织研究的主要内容有：档案信息组织的发展和特点，档案信息组织的目的和作用，档案信息组织的原理与理论基础，档案信息组织的原则与方法，影响档案信息组织的内因和环境分析等。

由于专业档案、专门档案和特殊载体档案信息组织具有自身的特点和要求，所以相关研究成果比较丰富。

对网络环境和数字格式的关注，是档案信息组织的另一个热点。研究网络档案信息资源组织，从网络档案信息资源及其组织概念界定入手，在相关调查的基础上，确定了网络档案信息资源组织的原则、功能和流程，探讨了组织方法并进行了方案的设计和例证分析，最后研究了网络档案信息资源组织机制问题。在分析各种信息组织方式特点的基础上，从在线检索、全文检索、元数据标准、分类体系等方面，对中外主要档案网站信息组织方式予以对比分析，并探讨了所存在的问题和发展方向。还对比论述了传统和信息网络环境下的档案信息组织方式，认为传统的档案信息组织，从内容揭示程度来看，可分为目录、索引、文摘编制法等，从特征揭示角度来看，可分为分类、主题、代码、题名、责任者组织法等，从排序方式来看，可分为编号、字顺、时序组织法等；而网络环境下档案信息资源的组织方式有主页方式、自由文本方式、超文本超媒体方式和联机目录方式等。

2. 档案信息存储

有人提出，信息存储是有组织的信息表现形式，是一种异时信息利用行为，属于广义的信息组织的构成部分。这里包括将所采集的信息记录于特定载体之上、将这些信息载体有序化、保证信息的长期可用性等三层含义。因此，简而言之，档案信息存储就是应用先进的技术和手段，对所采集或拥有的档案信息资源进行科学有序的存放、保管，以备利用的过程。

档案信息资源的逐步数字化和虚拟化，使得档案信息资源的异地存取、异时利用成为可能和趋势。对档案信息存储的研究顺应了这一潮流和走向,在保证档案信息资源完整、安全、及时获取和长期有效等方面都具有指导意义和导向功能,能促进档案信息资源的共建共享和充分利用。

档案信息存储研究的主要内容有:档案信息存储的发展历程,档案信息存储的技术与方式,档案信息存储的介质、装具和设备研究,档案信息存储的程序与要求,档案信息存储的安全问题,档案信息存储的环境要求等。

(三)档案信息一次管理与档案管理程序之异同

这里对"档案信息一次管理"的研究,内容涉及文件(档案)信息的采集、描述、组织、存储、传播与服务等,与档案收集、整理、鉴定、保管、检索、编研、利用与统计似乎有重复冗余之嫌,且两者在管理维度上的定位貌似也难以区分,有必要予以辨析。

一方面,两者的区别是明显的:首先,两者的研究目的不同,对"档案管理程序"的探讨,是为了验证和说明传统档案管理理论研究对"程序(或过程)"的关注是属于管理内容维度的,而论述"档案信息一次管理"则是基于管理资源的视角,一则为下文"档案信息二次管理"及"管理资源的信息保障"的提出和研究做必要的铺垫,二则"一次管理"是对档案信息自身"资质"的基本保证,也就是说,档案信息之所以能成为管理资源,离不开"档案信息的一次管理";其次,两者的导向不同,如,"档案管理程序"的相关研究属于内容维度,其理念是任务导向,因而程序本身就是其关注的对象,而"档案信息一次管理"的相关研究是基于资源的维度和视角,属于用户导向,管理程序只是其目标实现的途径,最终目的还是资源的利用和效用的发挥;最后,两者的适用对象不同,"管理程序"主要是针对传统档案的载体和内容而言,而"档案信息一次管理"研究富有时代特征,既强调传统形式档案内容信息,也能反映数字环境下的档案资源特征,更具概括性和包容性。

另一方面,两者的联系也是紧密的和必然的:本研究对"档案信息一次管理"和"档案管理程序"研究内容的表述,都是从过程与流程的角度进行划分和展开的,而程序和流程在本质上属于管理的内容,因而这两部分的相似就难以避免;再则,管理活动的维度划分既是绝对的,也是相对的,资源与内容的关系十分紧密,任何管理内容的实现都离不开资源的支撑,而几乎所有的资源也都能成为管理的对象和内容,实践和现实既然如此,研究就自然无法割裂两者的联系。"档案信息一次管理"虽然目标和导向都是实现资源的效用或保障，但必须通过一定的形式（即成为管理的内容）才能得以进行和体现，否则就是无本之木、无源之水。

四、档案管理中档案信息资源的二次管理

如前所述，对文件（档案）信息的采集、描述、组织、存储、传播与服务等属于档案信息资源的一次管理，这是档案信息之所以能成为资源的基本保障，即一次管理旨在保证档案信息资源的可用性；而随着档案信息资源的日渐丰溢和复杂，一次管理已经无法满足档案信息用户的多元化和多样化需求，有必要对文件（档案）信息从内容上进行开发，在形式上予以构建，在手段上实行营销，即对档案信息资源进行二次管理，目的是实现档案信息资源的易用性，促进档案信息资源的效用最大化，进而提升档案工作的层次和水平。"档案信息资源二次管理"的提出也对档案学在资源维度上的研究产生了积极影响。

（一）文件（档案）信息开发

对文件（档案）信息开发的含义有不同的理解，国外有两种观点，一种认为开发就是"对档案文件及其所含信息进行整理和编目"，另一种是认为开发还包括提供咨询服务和促进利用；国内的理解分为五种不同观点。通过文献调研，笔者发现目前将文件（档案）信息开发仍定义为"编目与索引"的已经比较罕见了，主要有狭义和广义两种理解：狭义的理解为根据用户需求和馆藏实际，将档案中蕴藏的信息挖掘出来，以实现档案价值最大化的过程，这种理解认为文件（档案）信息开发是一个高层次的劳动创造过程，不同于收集、整理、编目等一般档案管理工作环节；而广义上的理解不仅包括狭义的理解，还包括档案信息一次整理的全过程。

研究文件（档案）信息开发是档案事业发展的需要，也是资源维度档案管理理论研究的本质要求。一方面，它能直接指导档案工作实践，有利于激发档案信息工作者的积极性和创造性，提升档案管理活动的层次和水平，促进对档案资源的深层次挖掘和充分利用；另一方面，它也能开阔和拓展档案学的研究视域，强化档案管理理论研究的功能和价值，进而有助于档案学的学科地位提升和可持续发展。

文件（档案）信息开发研究的主要内容有：文件（档案）信息开发的

含义与内容，文件（档案）信息开发的特征与意义，文件（档案）信息开发的原则与要求，文件（档案）信息开发的技术与方法，文件（档案）信息开发的层次与过程，文件（档案）信息开发的组织与人才研究，文件（档案）信息开发的效益分析与趋势研究等。

由于档案信息开发的重要价值和可拓展空间，此类研究成果颇为丰富，近年来还呈持续上升的态势。

在政策方面，研究档案信息开发政策的形成与特点，评价现有成效及存在的问题，提出完善的意见。在明确档案信息开发利用及其顶层设计意义的基础上，从国家层面分三方面（规划设计、制定与标准化体系建设）探讨了档案信息资源开发利用顶层设计的核心要素。

在技术与途径方面，研究不可见水印技术（即水印嵌入保护技术）、可见水印保护技术、可逆可见水印技术在数字档案原始权威性保护和长期真实可用性中的应用，以促进数字档案信息资源开发、高效使用与保护矛盾的解决。

《档案信息资源开发利用》对档案信息资源开发理论的构建比较全面，涉及概念、功能、原理、效益等诸多方面的问题，其中比较有特色的是对家庭档案信息的开发进行了探讨；《档案信息资源开发利用》一书，从信息及信息资源基础理论知识入手，分析了档案信息资源开发的含义、原则、方法与策略，以及网络环境下档案信息资源开发的策略等方面的问题；国家档案局与国务院信息办对档案信息资源开发利用试点工作进行总结，并分政务信息资源管理、企业档案信息资源开发利用、公共文献基础数据建设、档案信息资源社会化服务等栏目予以汇编出版。

至于档案信息资源开发的走势和趋向、开发主体与开发形式等发展趋势的分析，对今后的发展仍不无启示。而新时期最重要的是网络与信息技术对档案信息资源开发的作用和影响，这也是今后研究的重点和热点。

（二）文件（档案）信息构建

信息构建是一个新兴的研究领域，美国情报科学和技术协会（ASLS）提出，信息构建有三层含义：一是信息组织、导航、标注与策划的组合；二是信息空间结构设计的优化；三是网络信息分类的科学性和艺术性。信息构建的核心内容包括信息的可访问性和可理解性。据此可认为，档案信息构建是研究如何组织、表达和阐释文件（档案）信息，以保证其可用性和易用性的艺术与科学。

档案信息构建与档案信息组织既有联系又有区别。两者的联系在于，信息构建是建立在档案信息组织的理论与实践基础之上的，而档案信息组织又是信息构建的主要内容并为之提供技术支持。两者的区别在于，信息组织多是从信息管理人员的角度来考虑技术和方法，侧重于信息的系统性和有序性，而信息构建更关注信息用户的理解和利用，侧重于信息的清晰性和可理解性。两者最大的不同在于，信息组织只关注信息加工与排列的科学性，而信息构建则注意信息呈现的科学性和艺术性。由于信息构建存在强调信息的艺术性和可理解性、强调用户的需要和体验等特点，因此研究文件（档案）信息构建不仅对于档案管理实践与档案信息服务理念创新具有冲击和影响，对于档案管理理论研究的理论拓展也大有裨益。

文件（档案）信息构建研究的主要内容有：信息构建的原理与方法，信息构建对文件（档案）信息组织的作用和影响，文件（档案）信息构建的特点与要求，文件（档案）信息构建的内容与原则，文件（档案）信息用户研究，文件（档案）信息工作者信息素质研究等。

但由于一方面国内信息构建的研究还处于起步阶段，如目前著作类的成果只有《基于信息理解的信息构建》和《信息组织与信息构建》两本书，另一方面，当前的信息构建理论主要只关注网络信息资源的组织和表达，所以，在档案管理理论研究领域的成果还不是很多，且主要探讨其对于档案网站的启示和影响。信息构建理论从设计理念、导航系统、搜索系统、组织系统与标识系统等方面对我国档案网站进行考察，分析存在的问题及所获得的启示。

（三）档案专题信息营销

对于信息营销，目前有两种理解：一种将信息营销定义为，企业（机构）综合运用各种现代信息技术，以各类有效信息为重要资源来制定营销战略，并协调和管理营销工作，以获得竞争优势的一种营销方式；另一种认为，信息营销是信息服务机构为满足信息用户需求，对其信息产品与服务进行调研、分析、组织、促销等一系列活动，并实现价值交换的过程。前者是将信息作为营销的资源与手段，而后者是将信息作为营销的产品和对象。

信息营销研究在图书情报界受到一定的关注和重视，相关成果较多，但在档案管理理论研究领域缺乏影响。这是由于档案信息的特殊性和档案工作的相对封闭性，档案信息资源无须"营销"也无法"营销"，其实这种理解有一定的偏差。一则，档案信息资源特别是经调研后专门加工的档案信息，与普通的物质商品一样，是价值和使用价值的矛盾统一体，是能满足社会需要、凝结了一般劳动的智力成果，因此可作为商品来生产、流通和使用，具有推广和推销价值；二则，运用营销的原理和策略能促进档案信息的开发利用，改变档案信息工作者的理念，激发其内在动力，提高档案信息开发的效率，进而塑造档案信息服务的新形象，实现档案馆职能的拓展和服务的强化。可见，档案信息营销是可行的，档案专题信息营销研究更是必要，有利于改变档案工作者和档案研究人员的观念与思路。

档案专题信息营销研究的主要内容有：档案信息营销的含义与内容，档案信息营销调研与预测，档案专题信息的选择、确定与加工，档案信息营销环境分析、档案信息市场与用户行为分析，档案信息营销战略规划，档案信息产品价值分析，档案信息营销的策略和方法等。

现有的研究主要有：档案信息服务"营销"的宗旨与"营销"组合，从产品、服务、广告与宣传等方面探讨了档案馆信息服务的"营销"战略，以促进档案信息资源的充分利用，满足社会和公众的需求。还有从信息档案介入信息市场的营销策略问题，提出强化自身、发挥优势、公关宣传、拓展业务、价值政策、组织促销和服务优化等七条营销策略，以谋求"档案信息商品化"。

档案学在信息营销领域的研究亟待加强，这是推销和推广档案信息资源、提升档案工作与档案管理理论研究水平和地位的内在要求。档案工作很少直接参与社会与机构管理活动当中，给人置身事外、"大隐于市"的印象，档案学在管理研究领域也属于"隐学"。新的管理环境对档案工作提出了新的要求，机遇与挑战并存，此时要意识到"有为才有位"，要抓住时机、乘势而上，还要能"就势造势"，善于宣传与营销，开展各类档案文化活动，推出更有吸引力的档案文化产品，让更多的单位和个人熟悉档案工作、利用档案资源，在扩大档案工作影响的同时，提升档案管理理论研究在管理资源维度的空间和地位。

第四节　档案管理中的管理方式

方式通常是指说话做事所采取的方法和形式，也常解释为可用以规定或认可的形式和方法。因而管理方式既可指具体管理行为所采用的方式和办法，也可以抽象地理解为管理活动的通用手段或模式。简而言之，管理方式是依据管理内容的特点和要求，对管理资源进行整合、配置的方法与途径。

依据不同的标准，对管理方式的类型有不同的划分：根据管理过程中是否产生言语行为，可以分为言语型管理方式与非言语型管理方式，前者如面谈、会议等，后者如文件、肢体表达等；根据管理行为发生的场合，可分为直接型管理方式（如现场、会见等）与媒介型管理方式（如文件、电话等）；根据管理行为正式与否，可分为正式管理方式（如文件、会议等）与非正式管理方式（如暗示、闲谈等）；根据对资源处理的程度，可分为一次管理和二次管理两个不同层次。

以管理方式为前提的档案管理理论研究主要包括：直接与媒介管理方式对比，管理活动中文件方式的特点与功能；管理活动中文件方式的构成要素分析；管理活动中文件方式的影响因素分析；文件方式的历史梳理与创新研究。

管理方式是管理资源整合、配置与利用的方法与途径，是管理内容与管理功能得以实现的基本手段。在管理维度空间中，管理方式承担着"连接"内容维度与资源维度的作用，也就是说，离开管理方式的支撑，资源就无法服务于管理内容，甚至不能被称为管理资源，而管理内容也就无法展开与实施。此外，与管理资源和内容的相对固定、客观性较强不同，管理方式还具有相当的灵活性和能动性，一则管理方式的选择受管理主体的支配，二则同样的管理方式和手段，经由不同的管理者运用，其结果与绩效也会有所不同。

文件方式属于一种正式的、言语型、媒介类管理方式，是管理活动中最重要、最通用，也是最经济的管理方式，由于其具有确定性、规范性、可控性等比较优势，现代社会与机构管理都离不开这种方式的运用和支撑。而文件方式一直是档案管理理论研究的特色和强项，在管理学科体系中有着无可比拟的优势，其实中国档案学并不缺乏影响整个管理学科的研究领域，至少在管理方式和管理资源这两个维度上都是大有作为的。可见，归于管理方式的档案管理理论研究不仅在指导管理活动实践、促进管理效率的提高方面有着积极的作用，还能提升档案学在管理学科的地位和影响，摆脱中国档案学长期以来缺乏原创性和本土特色的尴尬局面，最终形成学科研究的核心竞争力。

一、以管理方式为前提的档案管理理论学研究

（一）以管理方式为前提的档案管理理论研究阶段与内容

文件方式作为社会与机构管理活动中最重要、最通用的管理方式，由来已久，一般认为随着文字的出现和国家的产生，它在管理中的基本职能便已出现。

文件方式一直是档案管理理论研究的特色和强项，而最初的研究又集中在其分支学科"文书学"之上（当然，文书学不是文件方式研究的全部）。

可将我国的文件方式研究划分为三个历史阶段：首先是萌芽阶段，指自有文件方式起到 20 世纪初的漫长过程，这一时期的文件方式处于相沿成习、专任封闭的状态，主要的成果是汇集文书资料、研究文书（文件）的撰制、制定文书工作规则等；其次是研究起步阶段，开始出现了较为系统的文件方式相关研究成果；最后是蓬勃发展阶段，主要表现是设立了专门的研究机构，出版大量的学术专著，逐步形成了系统的理论体系，并开始对新型载体文件（如电子文件等）的运转方式进行探讨和研究。

而从媒介形态特征来看，可分为传统文件方式和电子文件方式两个研究阶段。前者是指对以纸质文件为代表的文件方式的相关研究，在我国起源于民国时期，而后者是对数字格式存储的文件方式的研究。

从管理理念来看，可分为"管制型"文件方式和"服务型"文件方式两个研究阶段。之所以会有这两个阶段的区分，一方面是来自我国行政管理和社会发展实践的冲击：中国几千年封建专制统治和高度集权的计划经济体制，使得"管制型"文件方式影响极深，而政治民主化进程和市场经济发展要求政府从统治者的身份逐步转变为社会的服务者。"管制型"权力运行的向度是自上而下的，社会管理活动都由政府主导推动，较少考虑社会公众的愿望和多样化需求，其文件方式是封闭的、机械的；"服务型"则是一个上

下互动的管理过程，它主要通过合作、协商、认同和建立共同目标等途径来推动管理活动进行，因而其文件方式也就相对较为开放和灵活，特别是程序的开放性是"服务型"管理方式的基本要求和主要特点，没有过程的公开透明，就无法分清权责的范围和大小。另一方面也受到公共管理理论变革的影响，"服务型"文件方式研究萌芽于20世纪末，最初的研究主要是着眼于政府文件（档案）信息资源能否公开，后来探析信息公开制度，而自《中华人民共和国政府信息公开条例》起草之时起，这类研究便开始如火如荼地发展起来。

至于管理方式维度的档案管理理论研究内容，无论属于哪一历史发展时期或哪种媒介形态，也无论何种管理理念，都应该涉及文件方式的含义与特点，文件方式的功用与意义，文件生成（制作）、流转、督办与办毕处理等的发展历程与趋势，文件方式的构成要素与环境分析等方面的研究。

（二）以管理方式为前提的档案管理理论研究倾向与特色

在管理维度空间中，管理方式承担着"连接"内容维度与资源维度的功能和作用，只有借助和利用一定的管理方式，资源才能服务于管理内容。与此同时，管理方式也受到管理资源和内容的制约和影响，并为管理目标所指引和控制，为管理主体所支配。因而归于管理方式的档案管理理论研究呈现如下倾向与特色。

1. 目标导向

管理方式是服务于管理内容的，但最终是服务于管理目标的，管理方式从选择、确定到运用，无不围绕和依托于管理目标，归于管理方式的档案管理理论研究自然也着眼于社会与机构管理的终极目标，即实现资源的最优配置和效用最大化。因而方式维度的研究属于目标导向型，这与内容维度的任务导向不同，后者更关注细节和具体，相对较为短视，而目标导向则着眼于长远与整体，更注意通用性和兼容性。目标导向与资源维度的用户导向也不同，后者由于过分强调需求者的诉求和利益，往往忽视了提供者和其他相关主体的权益，而管理方式维度的研究则为了高效地实现管理的内容与目标，自然会以权益平衡为基础，注重权益补偿和救济机制的建立。

2. 系统依赖

系统依赖有两层含义：一是指对具体系统的依赖，即离开由生成机制、流转机制和监控机制共同组成的文件运作系统，文件方式就无立足之本，更不用说发挥其功用了；二是宏观的管理系统，指管理方式的效果发挥对管理的资源与环境具有极大的依赖性，这就是为什么不同的管理主体会选择不同的管理方式和策略，而同样的管理方式和手段，经由不同的管理者运用，其结果与绩效也会有所不同。虽然资源属于管理的内在性要素，具有可预期性，能为管理者所把握和控制，但管理的环境却是外在的、不可预测的，因而管理方式维度的研究必须探讨文件运作系统及其与外部环境的互动。

3. 效能优先

既然归于管理方式的研究属于目标导向型，强调以最少的资源赢得最大的效益，这里的效益不是指单纯的经济效益，而是包括社会效益在内的综合效益，所以效能问题是其优先研究和考虑的。《有效的主管》一书中曾指出："效率是'以正确的方式做事'，而效能则是'做正确的事'。"在这种理解下，效率和效能自然不应偏废，但在二者无法兼得时，首先应着眼于效能，再设法提高效率。而在字典中，效能既包括效率，也包括能力，也有人为效能做了个公式：效能＝目标 × 效率，即说明不能片面地追求效率，效率高不代表就可以实现良好的效益，只有在目标引导下的效率才是方式维度研究所应该追求的。所以在研究管理的手段和方式时，要注意调动管理主体的积极性、主动性和创造性，不仅强调管理的效率，更要保证质量和方向。

（三）以管理方式为前提的档案管理理论研究功用与意义

管理方式不仅是管理资源得以整合与利用、管理内容与功能得以实现的基本要素，还是这两个维度的"关联"者与沟通者，管理方式的研究在指导管理活动实践和提高管理效能等方面有着积极作用。档案管理理论研究在文件这种管理方式上一直有着无可比拟的优势，而文件方式因其具有确定性、规范性、可控性等特点，一直为社会与机构管理所通用和倚重。因而归于管理方式的档案管理理论研究具有以下功用与意义。

1. 能直接应用于社会与机构管理实践

与内容维度的档案管理理论研究主要用于指导狭义的管理活动——档案管理实践不同，研究文件方式是服务于广义的管理活动的，即旨在为各种类型的管理活动提供可资利用的手段和方法，以在遵循管理活动规律的基础上，实现管理资源的有效配置与利用，提高管理活动的效能和水平。

2.能促进管理方式的优化和集成

所谓优化，一方面是指，由于这一维度的档案管理理论研究本身就是对文件方式的研究，必然会带来文件这种通用管理方式的革新和提升；另一方面则是指，通过研究与扩大文件方式的影响，也能引发人们对其他管理方式（如会议等）的关注和重视，促进这些方式的改进和发展。而所谓集成，则是指在深度发掘各种管理方式的优劣之处后，在明确管理要素状态的基础上，实现多种方式的有机组配和合理利用。

3.能凸显档案管理理论研究的地位和作用

与资源维度的档案管理理论研究一样，归于管理方式的档案管理理论研究不再将视线拘泥于档案自身的管理，而是着眼于广义的管理活动，这种研究视域的开拓必然带来学科地位的改变。当管理方式问题进入人们的视野、文件方式成为人们关注的对象时，档案管理理论研究的作用和价值自然就得到了凸显，而其他管理类学科在通用管理方式研究上的"短板"与短视，必然反衬出档案管理理论研究的长处与"强势"。因此可以说，这一维度的探讨和研究具有核心竞争力。

二、管理活动中文件方式的优势

管理活动中的文件方式属于正式的、言语型、媒介类管理方式，相对于其他方式，具有以下优势。

（一）在作用的广度与深度上的优势

在一定的机制保证下，采用文件方式的管理主体不必亲临管理现场，而是通过文件进行信息的传达和反馈，以实现对管理活动的远程把握与控制，较易扩增管理的幅度和层级，影响和作用的范围较广，这也是文件方式之所以能为各类管理活动普遍使用的重要原因之一。

（二）在单位成本上的优势

相对于会议和现场直接管理等方式而言，由于文件（档案）信息复制和传播的成本较低，对于同样的作用面和影响范围，所需经费要少得多，而且这种优势随着电子文件的大量使用显得更为突出。当然有人会说，保持文件方式运作体系也是需要经费的，虽然不无道理，但由于文件方式是机构日常工作手段，文件方式运作体系的投入平均到单次文件方式的利用上几乎可以忽略不计，或者说文件方式的边际成本很低。

（三）在传承和凭证上的优势

这是由于文件方式一般属于书面语言型管理方式，具有外部存储性，即借助纸张、磁盘等载体，能对管理的内容与目标等予以明确的语义表达和思维传播。这一来能保证管理活动不依赖特定管理者的大脑而存在和运作，二来能给今后的类似管理活动提供方式上的借鉴，即保证管理方式的传承性。同时，外部存储性带来的视觉表征具有更大的明确性，具有凭证作用，能避免管理沟通和资源调配的随意改变，保证管理内容和程序的可预期性和可考证性。

（四）在表达与理解上的优势

文件方式的最大优势就是表意准确，这一方面得益于书面语言本身更为慎重，用词考究，具有相对独立性，构思的时间与构思所需的信息都比较充分，使管理主体意图表达更为准确可靠，很少产生歧义；另一方面，文件生成时，其规范性结构特征也对内容产生制约和规范，如法规公文用篇、章、节等层级结构来体现各部分内容的等级和地位，增强了表意的效果，降低了理解的难度和偏差。

此外，由于文件方式一般说来归属于正式管理方式，因而还具有后者的全部优点，如稳定性、权威性和可控性等。

第三章　档案管理的流程

第一节　档案的收集

档案的收集是接收、征集档案和有关文献的活动。对于档案的收集工作，国家的规定是，通过例行的接收制度和专门的征集办法，把分散在各机关、个人手中和散失在其他地方的档案，分别集中到各有关机关档案室或各级各类档案馆，实现档案的统一领导和分级管理。

一、档案收集工作的内容

档案收集工作的内容包括五个方面：第一，机关部门和业务部门，将处理完毕的文件材料，定期向机关档案室归档；第二，档案馆按照国家的规定，接收现行机关的档案材料；第三，档案馆按照保管档案的范围，接收撤销机关的档案材料；第四，档案馆征集分散在各地的历史档案；第五，档案馆之间交接档案。

档案收集不是一项简单的事务性工作，而是一项政策性、业务性很强的工作。这是因为：一方面，档案收集工作具有明显的选择性。文件转化为档案是有条件的，在档案收集工作中必须严格把握这些条件，在归档和接收过程中认真筛选。另一方面，档案收集工作受到档案形成者档案意识水平、档案价值观及档案馆（室）保管条件等多种因素制约，需要综合研究、统筹规划，提高档案收集工作的质量。

二、档案收集工作的意义

收集工作是档案工作的起点，是整个档案工作的一个重要环节，做好收集工作对整个档案工作具有重要的意义。

（一）收集工作是决定档案工作存在和发展的重要条件

档案工作的对象是档案，如果没有档案，也就不可能有档案工作。档案数量多少决定档案工作规模的大小，档案质量高低决定档案工作的水平高低。档案工作所管理的档案，是靠收集工作取得的。有收集工作才有档案工作，收集工作搞好了，档案工作才能得到发展提高。

（二）收集工作是实现档案集中统一管理的基本途径

我国档案工作的基本原则是"集中统一地管理国家全部档案"。只有通过收集工作，才能把国家档案集中到各机关档案室或各级档案馆，这是档案工作基本原则得以贯彻的一个重要前提。

（三）收集工作是衡量档案馆（室）工作的重要标尺

收集工作是档案馆（室）取得档案的手段，而档案馆（室）的工作做得如何，在很大程度上取决于馆（室）藏是否丰富、档案是否完整齐全。档案馆（室）对社会和机关的吸引力的大小，就在于其馆（室）档案是否丰富与珍贵。档案馆（室）对社会、对机关的作用，就是档案的作用。档案是档案馆（室）的"能量"。馆（室）藏的数量多少与质量高低则取决于收集工作的效果，因此，收集工作就是衡量档案馆（室）工作的一个重要标尺。

三、档案收集工作的作用

档案收集工作是档案馆（室）接收和积累档案的主要手段，在档案管理工作中处于十分特殊的地位，因此，档案的收集工作对整个档案工作有着重要的作用。

（一）收集工作是实现档案集中统一管理的主要途径

众所周知，档案的来源是非常分散的，所有的机关、团体、社会组织和某些个人都能形成档案。对于一个机关来说，其档案是由机关内各个组织机构逐年形成的，为了便于管理和提供利用，维护历史文化财富的完整和齐全，国家曾做出规定：一个单位形成的档案由本单位集中管理，其中有长久保存价值的档案应移交给相应的档案馆（室）保存，集体所有和个人所有的档案，国家认为有必要时，可以代管或征购与收购。档案馆（室）应当履行国家赋予的职责，通过归档、移交、征购等方法，将档案集中在一起，以实现对档案的集中管理。

（二）收集工作是档案馆（室）工作的首要环节

一般来讲，档案馆（室）管理的档案并不是由档案馆（室）自己产生的，而是通过对历史上和现实生活中不断产生的文件材料的接收与征集、长期积累和补充形成的。对全部档案业务工作的程序而言，收集工作之所以是档案工作的第一个环节，就是因为收集工作为档案工作提供了物质管理对象，档案馆（室）才有了进行整理、编目、鉴定、保管、统计、提供利用等各项工作的物质条件。此外，档案收集工作的质量高低也直接影响档案馆（室）各项业务工作的水平。如果能做到收集及时，鉴选得当，把有保存价值的档案都集中在档案馆（室），就能为开发利用档案信息资源奠定良好的基础。如果收集工作薄弱，收到的档案数量较少，或者只收集一些零散杂乱和查考利用价值不大的档案材料，一定会严重影响档案馆（室）各项业务工作的开展，还可能造成返工及无效劳动，并给档案提供利用工作带来无法克服的困难。因此，只有收集的档案材料十分丰富，才能提高档案工作的质量，更好地为当前的市场经济建设和各项工作服务。

四、档案收集工作的要求

（一）大力丰富档案馆（室）藏

为了丰富档案馆（室）藏，应该在收集工作中持有积极、主动的态度，为档案工作主动地"开源"。档案馆（室）不能只满足于坐等按制度接收档案、别人交多少就收多少、交什么就收什么，而应该采取各种有效措施，把凡属于本馆（室）管理的各种档案资料全部收集起来。

（二）加强调查，统筹安排

收集工作就是集中档案，档案是分散形成的，这就要求收集工作必须做好调查研究，掌握应收集档案的分散、流动和保管情况。档案馆（室）应该进行全宗调查，了解有关机关历史和档案的情况，以便统筹安排档案的进馆时间。

（三）推行入馆（室）档案的标准化档案管理

推行入馆（室）档案的标准化和档案管理的现代化是提高档案工作水平的有效途径和发展方向。档案工作的标准化是档案管理现代化的基础。档案工作的标准化，就是对档案工作中的一些管理原则和技术方法，按照规范化的要求统一起来。档案工作的标准化应该从收集工作开始推行。

（四）保持全宗和全宗群不可分散性

一个机关的档案有内在联系，是有机整体，保持全宗的不可分散性是档案管理的一条基本原则。只有从收集工作开始就坚持全宗不可分散的原则，以后各环节才有可能按照全宗管理，因此，在接收档案时，必须把一个机关的全部档案作为一个全宗集中在一个档案馆（室），不允许分散，同时，还需要注意各个全宗之间的相互关系。因为，在一定的时间、地点和条件下活动的各个机关，它们的活动都不是孤立的，而是互相依存的，反映在它们形成的档案上，各个全宗之间必然有着密切的联系。这种有着密切联系的若干全宗，称为全宗群。全宗群是自然形成的集合体，不能人为地去分割它，而要将其集中收集在一个档案馆（室）里，这样才有利于保持它们之间的联系。

总之，收集工作是档案业务工作中的基础工作，做不好档案的收集工作，就没有完整的档案，也就不会有健全的档案工作。因此，要做好档案工作，首先必须从档案的收集工作做起。

第二节　档案的整理

一、档案整理工作概述

（一）档案整理工作的概念

随着我国各项建设事业的不断发展，档案的数量和成分与日俱增。把这些数量浩大的档案，及时地、完整地收集起来，科学地、系统地进行整理，提供给各项工作利用，这是档案管理中的一项重要任务。

档案的系统整理，是从整体上研究档案由分散到集中、由零乱到系统的组织管理问题。就是把国家的全部档案作为统一的系统，以全宗、分类、组卷、排列等形式，揭示档案系统整理的过程，并以系统整理、技术整理等劳动组织形式，作为档案系统整理的保证。

保存档案的主要目的就是利用。处于零乱状态未经系统整理的档案，大大地束缚和影响了档案的提供利用。不仅查找起来十分困难，更由于它没有进行系统整理，因而不能完整地反映各项活动的历史联系和本来面貌，当然就会损害以致失去档案的利用价值，不便于进一步查考研究问题。只有化零乱为系统，才能为档案的提供利用创造良好的条件。应该明确，档案整理工作的基本任务是把档案组成一个体系，并通过编目使之固定下来，为利用档案提供方便条件。

档案的系统整理是承上启下的一个环节。对收集来的档案进行系统整理可以进一步了解和检查档案收集工作的质量，对档案收集工作有一定的促进作用。在档案系统整理过程中，发现与确定档案的保管价值并剔除不需继续保管的档案，划分档案的不同保管期限，都是交叉进行的。而只有档案的系统整理才能为上述工作的同步进行提供可能性。经过系统整理，档案的保管、统计、检查、检索、著录和根据档案编写参考资料等工作，都有了具体的工作对象与基本单位。因此，档案的系统整理对于充分发挥档案的作用，实现档案工作的目的，奠定档案管理工作的基础，具有十分重要的意义。

（二）档案整理工作的内容

档案整理是档案实体整理和档案内容整理的统称，是档案管理的一项重要内容。档案内容整理，主要包括对档案文件内容真伪的鉴别，对档案内容客观性的考证及编纂出版档案史料等活动。档案实体整理，主要是将零散的和需要进一步条理化的文件或档案，进行基本的分类、组合、排列、编目，组成有序的档案整体的工作过程。我们通常所说的档案整理，主要指档案的实体整理，它包括以下两方面的工作内容。

1.档案馆对接收与征集档案的整理

在正规的工作条件下，档案室主要接收文书部门和业务部门按照归档要求立好的案卷，档案馆主要接收机关档案室根据入馆要求整理移交的案卷。这样，档案室和档案馆的档案整理工作，主要是对所接收的档案，在更大的范围内进一步系统地整理，如全宗和案卷的排列、案卷目录的加工等。

（1）局部调整

对于已经整理入馆、入室保存的档案，一方面，经过管理实践的检验或专门质量检查，档案馆和档案室需要对其中不符合要求的档案进行一定的加工，以提高其质量；另一方面，某些档案材料由于保存的时间较长，其自身或档案整理体系发生了变化，因此也必须对其进行整理。

（2）全过程整理

档案馆、档案室有时也接收和征集一些零散的文件，有时馆（室）藏的体系遭到严重破坏，这就必须对档案进行全过程的整理工作，包括区分全宗、全宗内档案文件的分类、组卷、案卷排列、编定档号、编制案卷目录、全宗档案的系统排放等。

2. 机关档案的整理

机关档案的整理工作，主要包括机关文件的平时归卷与调整、文件组卷、案卷排列、案卷目录的编制、档号的编写、局部案卷或保管单位的调整等各项工作内容。在一般情况下，上述工作主要是由机关文件处理部门或业务部门与档案室共同完成的，其中大部分工作应由文件处理部门或有关业务部门来完成，档案室只负责对有关具体工作进行指导和业务检查及局部的加工处理；但在特殊情况下，档案室也接收和征集一些零散文件，这就需要开展全过程的整理工作。

需要说明的是，文书档案的整理，均以全宗为单位进行，其具体工作内容包括区分全宗、全宗内分类、立卷、案卷排列、编号、编制案卷目录、建立全宗卷、全宗群与全宗补充形式的确立等。这一系列工作从总体上可以划分为系统化和基本编目两大部分：系统化主要指建立秩序的工作活动，包括区分全宗、全宗内分类、立卷、案卷排列等；基本编目主要指将系统化的结果固定下来，并以号码和目录等形式将固定下来的系统化结果记录反映出来的工作活动，包括编号、编制案卷目录、建立全宗卷等。上述有关系统化和基本编目两大项工作，是从档案整理工作各个环节作业性质的角度进行划分的。

档案的整理，是档案管理工作中一个相对独立的工作环节。不经过整理，任何档案都无法得到有效的保管，更无法进行有效的利用。但对于具体的档案管理机构来说，其整理工作的内容和规模并不完全一样，各具体环节的分布大致为：立卷由文书部门和业务部门在档案部门的监督指导下进行；区分全宗主要由档案馆承担；全宗内分类、案卷排列、编号（全宗号除外）、编制案卷目录等工作主要由档案室承担，全宗之间的排列与编号、全宗群及全宗补充形式的确立、全宗卷的建立等工作主要由档案馆承担。这几个部门在实践中要根据实际工作需要进行进一步的分工与协作，共同完成档案整理工作。

档案整理工作，是档案收集以后提供利用发挥作用的前提条件之一，通过档案的整理，可以进一步了解和检查档案收集工作的质量，对档案的收集工作有一定的促进作用。档案经过系统的整理，才能为档案的保管、统计和检索等工作提供基本的单位和完整的体系，便于维护档案的完整与安全。因此，档案整理工作是档案工作中重要的基本建设。

（三）档案整理工作的意义

档案整理工作，在档案总体管理中具有重要意义，主要体现在以下方面。

1.档案整理工作是档案实体管理的核心

档案整理工作是档案利用、开发，发挥档案作用的一项前提条件，是整个档案工作中重要的基本建设，是档案实体管理的核心。

2.档案整理工作是档案内容管理的重要基础

档案管理工作是开发档案信息资源的重要基础，而档案整理科学化和标准化程度的提高，对于档案管理工作的总体优化具有直接和广泛的影响。

一般情况下，单位档案室保存本单位的档案，档案馆保存若干单位的档案，一个单位的档案原则上是不能与其他单位的档案混淆的。为了便于对不同立档单位的档案进行集中管理，档案馆将各立档单位形成的档案材料区分开来，按照档案的不同来源归于不同的全宗；为了便于对全宗的管理，给每个全宗编上一个固定号码，称为全宗号。区分全宗是档案整理工作的第一步，接下来的各项整理工作都是在同一个全宗的基础上进行的。

区分全宗以后，就需要对全宗内的档案进行分类。档案管理人员如掌握全宗及档案分类理论和方法，便可更好地开展档案整理工作。

二、全宗

（一）全宗的含义

全宗就是一个机关或著名人物在社会活动中形成的全部档案。

一个机关的活动体现一定的职能，执行一定的任务。一个机关或某一著名人物形成的全部档案，反映这个机关或人物的发展变化过程。档案之间有着密切的联系，是不可分割的整体，是国家档案全宗的基本单位，也是档案馆保管档案的基本单位。因此，档案必须按照全宗整理。同一全宗的档案不能分散，不同全宗的档案不能混在一起。按照全宗整理档案，能科学地保持文件之间的历史联系，全面地反映机关活动的历史面貌，也便于档案的保管和利用。区分全宗是档案整理工作的开始：在机关档案室，一般只有一个全宗。档案馆则保存着很多全宗。区分全宗是档案馆对档案分类的第一步，只有把全宗区分清楚，其他整理工作程序才能进行。

形成全宗的机关，称为立档单位，又称"全宗构成者"。全宗是相对于档案而言，立档单位是相对于机关而言，两者是不同的概念，不能混为一谈。由于人们对"机关"这个概念有不同的解释，往往分辨不清机关与机关内部机构的区别，因此就需要搞清什么样的组织单位是立档单位，它的档案应该构成全宗，什么样的组织单位是机关内部的组织机构，不是立档单位，它的档案不能构成全宗。

确定一个组织单位是不是立档单位要根据一定的条件来分析。构成立档单位的主要条件是：首先，可以独立行使职权，能主要以自己的名义对外行文；其次，设有会计单位或经济核算单位，自己可以编造预算或财务计划；最后，设有管理人事的机构或人员，并有一定的人事任免权。

上述条件是统一的、互相联系的，通常是有此即有彼、有彼即有此。但最基本的是第一个条件，即以独立行使职权并主要以自己名义对外行文为主要条件。

（二）按照全宗整理档案的原因

1. 按照全宗整理档案的方法符合档案的形成规律和特点

一个单位的活动体现着一定的职能，执行一定的任务，发挥一定的功能。档案都是围绕一个机关或个人的活动而形成的，同一全宗内的档案不能任意分散，不同全宗的档案不能随意混杂，此方法便于档案的保管利用。

2. 全宗是组成国家全部档案的基本单位

在我国，由国家事务活动所形成的全部档案为国家档案全宗，它是由若干全宗组成的。全宗也是档案馆的统计单位，一个档案馆收集的若干全宗数为档案馆全宗，在我国称馆藏。

3. 区分全宗是档案整理工作的第一步

全宗在档案整理中占有重要地位，是保证整理工作质量的重要条件。区分全宗是档案整理工作的重要环节，是档案馆对档案进行分类的第一步。

4. 全宗为档案提供利用奠定了科学基础

全宗是档案馆对档案进行日常管理的基本单位，如果全宗划分准确，全宗档案完整齐全，就会为利用带来方便，从而能准确研究每个机关的活动情况和历史面貌。

5.全宗是对档案进行科学管理必须遵循的重要原则

全宗不仅是一个单位整理档案的方法，也是一个原则、一种理论，称作全宗原则和全宗理论。

（三）组织全宗的划分

根据立档单位的构成条件和划分全宗的基本条件，对在全国档案馆中占较大比重的省、地（市）、县级机关的档案的全宗一般做如下划分。

1.省级机关

①中共省委（包括各部、委）的档案，通常划分为一个全宗，其中纪律检查委员会的档案应单独构成全宗。

②省直机关党委（包括直属机关团委）的档案单独构成一个全宗。

③省级人民团体，如政协、工会、共青团、妇联、各民主党派和工商联等的档案各为一个全宗。

④省人大常委会、省人民政府（包括办公厅及省人民政府各办公室）的档案各为一个全宗。

⑤省级各委、厅、院、行、社等的档案各为一个全宗。

⑥省级各厅、局所属院、校、所、工厂、公司等二级机构的档案可单独构成全宗。

⑦省级各厅、局派驻省内外各地的临时工作机构的档案，一般不单独构成全宗。

2.地（市）、县级机关

①中共地（市）、县委（包括办公室、各部）的档案各为一个全宗。

②中共地（市）、县纪律检查委员会的档案各为一个全宗。

③地（市）、县直属机关党委（包括直属机关团委）的档案各为一个全宗。

④地（市）、县工会、共青团、妇联、政协的档案各为一个全宗。

⑤市、县人大常委会的档案各为一个全宗。

⑥行政公署，市、县人民政府（包括各办公室）的档案各为一个全宗。

⑦地（市）、县级各局、行、院的档案各为一个全宗。

⑧地（市）、县各级企事业单位的档案各为一个全宗。

（四）立档单位的变化与全宗的划分

与立档单位有关的一系列变化常常会影响全宗的变化。

1. 性质变化与全宗的变化

在一般情况下，凡是机关、团体、企事业单位在政治性质、生产关系性质或基本职能等方面发生了变化，就属于根本性的变化，应当构成新的立档单位和全宗。

①政治性质的变化是指推翻了旧政权机关以后建立的新政权机关。新旧政权机关的档案各自构成全宗。

②生产关系性质的变化是指厂矿、公司、银行等企业单位，从官僚资本企业变为社会主义的国有企业。变化前后的档案各自构成全宗。

2. 基本职能的变化与全宗的划分

在立档单位性质无根本变化的情况下，主要分析它的基本职能是否有根本变化。

①凡是新成立的机关，就是新的立档单位，其档案构成新全宗。

②由若干个撤销机关合并而成的新机关，尽管这些单位前后职能有某些相同之处，但在基本职能上是不同的，它们的档案都分别构成全宗。

③从一个立档单位中独立出去的新机关，从其独立之日起，其档案构成全宗。

④原来是一个机关，后来变为一个机关的内部组织机构，其改变之前的档案为一个全宗，改变后的档案是某全宗的组成部分。

（五）个人全宗

个人全宗是指社会活动家、科学家、文学家、艺术家、教育家及其他著名人物在其一生的活动中所形成的全部档案。某些著名的家庭和家族在活动中形成的档案也称为个人全宗。形成个人全宗的个人、家庭和家族，也是立档单位。收集时应注意两点：①不得收入官方档案原件，个人在公务活动中形成的文件，原件应放在立档单位全宗中，复印件和附件归入个人全宗；个人在非公务活动中形成的文件，原件应归入个人全宗。②一个人一生无论身份、政治立场如何变化，只构成一个全宗。

（六）全宗的补充形式

1. 联合全宗

联合全宗是指两个及以上互有联系的机关形成的档案，由于混在一起，难以区分立档单位而联合组成的全宗。它通常产生于两种情况：一是前后有继承关系的机关，由于工作关系密切，档案已经混杂，很难区分，尤其是其中一个机关存在时间较短、档案数量又不多；二是在职能上有密切联系的两个机关合署办公，对内是一套机构和编制，对外是两块"牌子"，而档案又混杂在一起无法区分的。联合全宗应冠以所有组成这个全宗的立档单位名称，档案则按照一个全宗来对待，编一个全宗号。

2. 全宗汇集

全宗汇集是指由档案数量极少的若干全宗，按照一定的特点组成的全宗集合单位。有些小全宗，档案数虽很少，如果都按照一个全宗去管理，单独编全宗号和编制案卷目录等，有许多不便。为了便于管理，可将若干小全宗按照一定的特点联系（如立档单位存在的时期、职能性质等）合编为"全宗汇集"，在"全宗汇集"内部，仍按照不同的立档单位整理排列；但是，只给"全宗汇集"以综合名称，给一个全宗号，作为一个全宗进行管理。

3. 档案汇集

整理历史档案，有时会遇到一些非常零散和残缺不全的文件，虽经各种努力仍判定不出其所属全宗。在这种情况下，可以用人为的方法，把这些文件按照一定特点集中起来（如文件形成的历史阶段、基本内容等）合编成"档案汇集"。"档案汇集"虽是混合体，但也作为一个全宗进行管理。

（七）判定档案的所属全宗

一个立档单位的档案，由收文、发文和内部文件三部分组成。立档单位的发文和内部文件，它的作者就是档案的形成者，只要查明了文件的作者，也就确定了它的所属全宗。立档单位的收文，它的收受者就是档案的形成者，只要查明了文件的实际收受者，也就确定了它的所属全宗。

判定档案的所属全宗，关键在于确定档案的形成者——文档单位。

第一，要区分两个概念，即档案的形成者和文件的作者。对内部文件和发文而言，档案的形成者是文件的作者；对收文而言，档案的形成者是文件的实际接收者。

第二，判定的对象是案卷时，要注意卷皮上往往都标明了立档单位。

第三，没有标明作者或收文者的，要分析和考证。

第四，对经几个立档单位办理的文件，归入最后承办完毕的立档单位的全宗。

三、全宗内档案的分类

（一）分类的意义和要求

全宗内档案的分类，就是对立档单位所形成的档案，按照其来源、时间、内容和形式上的异同，分成若干层次和类别，使其构成有机的体系。分类的内容包括选择分类方法、制订分类方案、档案的归类和案卷排列等。

档案分类是档案系统化的关键性环节，对整个档案整理工作具有重要的意义。

第一，档案在区分全宗之后，还必须进行科学的分类，揭示出档案之间的联系，条理地反映立档单位的历史面貌，为档案的保管工作创造方便条件。

第二，一个全宗内的档案，只有经过一定的分组，其后的一系列环节，如立卷、排列、编目等工作才易于着手进行和逐步深入。分类为档案整理工作创造了条件。因此，科学的分类，无论是对现行机关的立卷归档，还是对档案馆（室）的案卷排放，或者整理零散文件，都有重要的意义。

第三，分类质量与各个档案整理工作的质量和能否系统地提供利用都有十分密切的关系。

全宗内档案分类的要求主要有三个方面。

1.客观性

客观性即应该从档案的实际出发，按照档案原来形成的联系，科学地选择分类方法，合理地设置类目，准确地归类，使分类能够反映立档单位活动的历史面貌。

2.逻辑性

分类体系必须有严密的逻辑性。类与属类概念要明确，范围与界限要清楚。分类级别要分明，分类标准要统一，类与类之间必须互相排斥，不能交叉重复。

3.实用性

选择分类方法、确定分类方法要注重实用，档案的分类必须便于保管、检索和利用。

（二）常用的分类方法

1.年度分类法

年度分类法是指根据形成文件的所属年度，将全宗内档案分成各个类别。立档单位一般都是以年度为单位制订计划和进行总结的。按照年度分类，可以看出一个立档单位逐年发展变化的情况，有助于历史地研究问题。另外，这种分类方法同现行机关的文书处理工作制度也相吻合，以年度为单位立卷和移交，实际上自然就形成了这种分类。年度分类法可以同其他分类法分层综合使用，这是最常用的一种分类方法。

2. 组织机构分类法

组织机构分类法是指根据形成和处理文件的机关内的组织机构，将全宗内的档案分成若干类别。在机关里，档案是由各个机构在其业务活动中形成的，按照组织机构分类就能客观地反映立档单位各个组织机构工作活动的面貌，较好地保持全宗内档案来源方面的联系，便于历史地研究问题。档案按照组织机构分类，在类目的设置和文件的归类上，都有比较明显的客观标准，可以避免因认识水平不同而分类不一致。特别是对于现行机关，每个组织机构归档的案卷很自然地构成一类，简便易行。因此，组织机构分类法是一种经常被采用的分类方法。

3. 问题分类法

按照文件涉及的内容将全宗内的档案分为各个类别。按照问题分类，能较好地保持文件之间在内容方面的联系，使相同内容文件比较集中，能够比较突出地反映一个机关主要工作活动的面貌，便于按照专题查找利用档案。

四、档案系统整理

需要移交档案部门保存的文件，在归档前，都需要进行系统化的整理。现阶段档案系统整理的方法主要有两种：一种是传统的案卷整理，即立卷；另一种是改革后的文件级整理，即归档文件整理。

（一）立卷

1. 立卷的含义

文件立卷，是指文书部门将办理完毕的、具有查考和保存价值的文件材料，按照它们在形成过程中的联系和规律组成案卷的过程，具体而言，包含三方面的内容：①立卷的对象——办理完毕的文件；②立卷文件的标准——具有查考和保存价值；③立卷的结果——案卷，卷内文件之间具有一定联系。

2. 立卷的意义

立卷是将密切联系的文件组成案卷，能具体地反映工作活动的来龙去脉,便于查找利用,也有利于档案的日常管理,因此,立卷工作具有重要意义。

首先,通过立卷,可以保持文件之间的历史联系,便于日后查找利用。立卷时,不仅需要把具有查考价值的全部文件完整地保存下来,而且要依照它们之间的历史联系,科学地加以整理,使每一个案卷都成为系统的、有机联系的文件组合体。只有这样,才能保持历史的真实面貌,反映各项工作的客观进展,便于日后查考和利用。

其次,通过立卷,可以维护文件的完整与安全,便于管理。零散的单份文件,如果不加以系统整理,不仅不便于利用,而且容易磨损和散失。

最后,通过立卷,可以保证文秘工作的连续性,并为档案工作奠定基础。文件立卷后才算完成了文书处理工作;案卷移交给档案馆,文件便结束了在文书部门的运转过程,进入档案管理阶段。所以立卷工作是档案工作的基础,其质量如何,将直接影响和决定档案工作的质量。

3.立卷的原则

归档范围内的文件,不是杂乱无章地堆砌在一起,而是应当遵循一定的归档原则,即根据其相互联系特征和保存价值等整理立卷,要保证归档文件的齐全、完整,能正确反映本机关的主要工作情况,便于保管和利用。文件立卷的原则包括联系原则、完整原则、保管原则、利用原则。

4.立卷方法

立卷方法主要是根据文件构成的共同点,将具有某方面共同点和联系密切的文件组合在一起,形成一个个案卷。组卷的依据是从文件的形式特征和内容中归纳出文件之间特有的联系和形成规律,形成的案卷可以满足未来档案保管和利用的需要。

我国档案工作已有悠久的历史,立卷素有传统,长期以来,形成了多种立卷方法。如"门、类、纲、目"法、"十进分类"法、"一案一卷"法、文件"六特征"立卷法、"一竿子插到底"法、"以问题为主立卷"法、"分清价值立卷"法、"一事一卷"法、"简单立卷"法、"分类组合"法、"文件处理、立卷、著录三位一体立卷"法等。其中,文件"六特征"立卷法已成为当今我国运用比较普遍的一种文书立卷方法,其立卷的依据是从公文结构中概括出来的作者、通信者、问题、时间、名称、地区诸要素。

（二）归档文件整理

2000 年 12 月 16 日，中华人民共和国档案行业标准《归档文件整理规则》颁布实施，这是我国机关档案工作改革的一项重大举措。《归档文件整理规则》在充分调研国内外归档文件整理方法的基础上，为适应档案管理化的需要，提出了完全不同于传统立卷方法的文件整理方法，以"简化整理、深化检索"为宗旨，大大简化了整理工作中的手工操作程序，适应了新形势下归档文件整理规范化、档案管理科学化的要求，为档案管理手段的创新创造了良好的环境和条件。

2015 年 10 月 25 日，国家档案局发布了国家档案行业标准《归档文件整理规则》（DA/T 22-2015）（以下简称《规则》），从 2016 年 6 月 1 日起施行。《规则》主要对归档文件整理方法中的"立卷"环节进行变革，简化文件整理工作内容，由案卷级整理转化为文件级整理。《规则》特点如下。

1. 简化

（1）取消组卷

取消组卷，实行文件级管理，免除了烦琐、复杂的组卷过程。

（2）简化"件"

界定"件"的概念时，从检索的实际需要及减轻整理工作量出发，将立卷中密切联系的一组文件作为"一件"处理。

（3）分类简化

一般固定为年度、保管期限、机构（问题）三种，并允许各单位视具体情况组合及简化分类层次。

（4）目录简化

取消案卷，实行卷内文件两级目录，只以"件"为单位归档文件目录。

（5）装订简化

装订以"件"为单位进行，但对装订材料不做统一规定，只要符合档案保护要求即可，归档文件直接装盒保管。

（6）封面简化

无须拟写案卷题名和填写案卷封面，只需填写档案盒盒脊。

2. 兼容

第一，制定《规则》的一条重要原则，就是兼顾计算机和手工两种管理方式。一是从计算机高效、快捷的检索功能出发，取消传统的案卷、文件两级管理模式，实行文件级管理。二是简化整理程序，放宽对归档文件实体的整理要求，同时保留分类、排列等工作环节，以及一些供手工管理时选择使用的检索项，并强调将同一事由的文件排在一起，便于手工管理。三是无论是从《规则》条文还是从实际操作来看，使用或不使用计算机，归档文件整理均可以按照《规则》准确、高效地完成，使《规则》能够成为档案管理水平不同的机关统一的归档文件整理方法。

第二，《规则》在简化机关档案室操作的同时，也兼顾了档案馆管理的需要。一是设置了盒号这一项目，二是将件号区分为室编、馆编两种，并为设计归档章、档案盒盒脊等格式预留了位置，以方便档案进馆时重新编号。

第三，《规则》适用范围的界定同样体现了兼容性。

3.灵活

首先，条款规定具有一定的灵活性，能适用于我国各级、各类机关。第一，分类只限基本分类方法，允许各机关以不同方式组合，制订切合本机关实际的分类方案。第二，排列只提原则要求，具体方式可由机关自定。第三，《规则》允许使用选择项目，归档章、档案盒盒脊等都可以根据需要设置其他项目。

其次，《规则》仅作为推荐性行业标准，根据我国档案管理的实际情况，在过渡期内，允许《规则》与文书立卷两种整理方法并存。

最后，在处理《规则》与原有法规标准之间的关系方面，各级档案行政管理部门也可以灵活掌握。

（三）文件级整理的步骤与方法

根据《规则》中的介绍，文件级整理的步骤与方法包括以下内容。

《规则》最根本的特点，就是以"件"为整理单位进行文件整理。所谓"件"就是归档文件的整理单位，一般以每份文件为一件。按照"件"整理档案的整理步骤是：按件装订、文件分类、排列、编号、盖归档章、编制归档文件目录、装盒、填写备考表、填写档案盒封面、编写归档文件整理说明等。

1.整理单位与装订

（1）整理单位

以"件"为单位整理的档案，就是按照文件材料形成和处理的基本单位进行整理，其基本保管单位是"件"。为了简化整理流程，把密切相关的两个或数个文件当作"一件"文件来处理。

①文件修整

为了有效地保证归档文件的完整性，在装订前应做到以下几点：对破损文件进行修裱（修补、托裱）；对字迹模糊或易褪色、变色的文件进行复制；去掉文件上易腐蚀的金属物；对超大纸张进行折叠，在折叠过程中，尽量减少折叠次数，折痕尽量位于文件、图表字迹之外，文件页数多时，宜单页折叠。

②文件排序

密不可分的文件作为"一件"整理时，具体排序方法是：正本在前，定稿在后；正文在前，附件在后；原件在前，复制件在后；转发文在前，被转发文在后；复文在前，来文在后；非诉讼案件的结论、决定、判决性文件在前，罪证、旁证等依据性材料在后；汉文本在前，少数民族文字文本在后；不同文字的文本，无特殊规定的，中文本在前，外文本在后；有文件处理单的，可放在最前面。

（2）文件装订

目前常见的装订方式除传统的线装外，还包括粘接式、穿孔式、变形材料等。一般来说，采用左上角装订的，应将左、上侧对齐；采用左侧装订的，应将左、下侧对齐。

2.归档文件的分类

归档文件可以采用年度—机构（问题）—保管期限、保管期限—年度—机构（问题）、年度—保管期限、保管期限—年度等方法。不管采取何种方法，同一全宗内的文件和档案应保持分类方案的稳定。

3.归档文件的排列

归档文件的排列是指在分类方案的最低一级类目内，根据一定的方法，确定归档文件先后次序的过程，一般按照事由，结合时间、重要程度等排列。会议文件、统计报表、刊物等成套性文件可集中排列。

4.归档文件盖章编号

归档文件应以分类方案和排列顺序逐件编写归档号。根据排列结果逐件在归档文件上方空白处加盖归档章，并填写有关栏目的内容。

5.归档文件编目

归档文件应依据分类方案，按照室编件号的顺序编制归档文件目录。

归档文件目录用纸的幅面尺寸采用国际标准 A4 型，应使用耐久的书写材料进行填写，且字迹必须工整、美观。项目内容包括文件号、责任者、文号、题名、日期、页数和备注等项目。

6. 盒内备考表填写

备考表的项目具体包括盒内文件情况说明、整理人、检查人和日期。

7. 归档文件的装盒和档案盒填写

以"件"为单位整理的文件，最后要装入档案盒内，按照连续文件号顺序装入档案盒。

（四）案卷排列与编制目录

1. 案卷排列

全宗内档案经分类、立卷之后，还必须进行案卷的排列。案卷排列，就是根据一定的方法，确定案卷的前后次序和存放的位置，保持案卷之间的联系。

案卷排列的方法有很多，基本的方法有：按照案卷所反映的问题来排列；按照时间先后来排列；按照作者、收发文机关来排列；人物案卷，按照姓氏笔画、汉语拼音字母顺序等方法排列。

上述排列方法，既可以单独使用，也可以结合起来使用。各类案卷的排列方法，既可以一致，也可以不一致。但是一个案卷的排列方法，只能用一种方法或一种方法结合其他方法来排列。

2. 编制案卷目录

案卷经过排列以后，应按照顺序编号并登记到案卷目录上。案卷目录，就是案卷的名册。它有重要的作用：第一，固定全宗内档案的分类体系和案卷排列；第二，介绍全宗内档案的内容与成分，是查找利用档案的基本检索工具，也是编制其他检索工具的基础；第三，它是档案登记的基本形式，也是统计和检查档案的重要依据。

编制案卷目录要以全宗为单位，既可一个全宗编一本，也可一类编一本，还可以按照保管期限、机密程度的不同分别编制。

案卷目录应编制一式两份到四份。一份供日常使用，一份保存起来备用，现行机关向档案馆移交档案时做移交目录使用。

（五）案卷质量检查

1.案卷质量检查标准

各级各类档案馆（室），都应根据上级有关规定，并结合本馆（室）的实际情况，确定案卷质量检查标准。从收集归档、分类立卷、划分保管期限、编制目录到案卷系统排列，都有明确的质量检查标准。

2.案卷质量检查方法

（1）自检

自检主要是各机关、单位的文书、档案工作者，在立卷和调整案卷过程中，按照检查的标准，自己先进行反复检查，以保证案卷质量。

①互检

互检主要是协作组（按照立档单位性质或驻地远近组成）内各机关的档案工作者，在立卷或调整案卷的过程中互相帮助检查，以保证案卷质量。

②检查小组检查

检查小组检查主要是由档案业务管理机构指定档案馆（室）的有关工作人员，并吸收协作组长参加，组成检查小组，进行最后检查验收。

3.案卷质量检查意义

（1）引起立档单位的普遍重视

通过案卷质量检查，既能发现优缺点，又能促进机关领导和有关部门对档案工作的重视与关心。它不仅是机关档案工作开展的具体方法问题，也是检验和衡量机关工作水平的一个重要标志。

①能提高案卷质量

通过案卷质量检查可以克服案卷质量方面存在的问题。主要问题为：一是残缺不全。多为会议文件、政治运动材料、人事工作材料、内部工作计划、总结及各种统计报表、财务预决算等。二是散失混乱。正件和附件、批转和被批转的文件，一次会议、一个案件、一项工作、一个问题的文件被弄散；在文件的分类、组卷、划分保管期限，卷内文件系统化及编写目录方面又比较混乱。通过案卷质量检查，发现问题及时解决，"缺、散、乱"的现象基本可以得到控制。

②增强档案工作者事业心

通过案卷质量检查，进一步肯定档案工作中的成绩，发扬优点，以利再战；同时，也能比较清楚地发现工作中存在的问题和不足，以及产生问题的原因，促使他们带着求知和解决问题的愿望，参加业务学习，并结合档案工作的实际情况进行钻研、探讨问题、交流经验，提高业务水平，增强做好档案工作的信心。

（2）档案系统整理工作的组织管理

①整理工作方案

档案室、档案馆对某一个全宗档案进行整理，尤其是整理零散文件时，首先要了解情况，写出分类方案，这是档案整理之前不可缺少的准备工作。了解情况主要是了解立档单位与全宗内档案的情况。其次，在了解情况的基础上，酝酿、讨论和形成整理工作方案，其内容大体包括：整理的要求和方法、分类方案表、工作程序、劳动组织、人员分工及大体完成时间等。

②零散文件的整理程序

整理积存档案，在研究立档单位的历史沿革、档案状况及制订整理工作方案的基础上，在进行具体整理时，还必须有一定的工作程序：区分全宗；全宗内档案的分类；立卷；调整案卷、检查案卷质量；结合调整案卷，初步划分案卷保管期限；案卷的加工整理；案卷的排列与编号；案卷目录的编制。

以上是全面系统整理档案的一般程序。在实际工作中，应该考虑到原来档案的状况和整理工作的具体要求、方法，采用不同的程序。整理档案时，不一定都是一个完整的全宗，有时可能只整理全宗的某一部分。又由于各全宗内档案的情况、整理的要求不尽相同，所以不是所有的整理工作程序都要采取上述步骤。有的全宗档案数量不多，情况也比较简单，可以适当地把几步合为一步；有的全宗情况特别复杂，整理工作的步骤也可以分得再细一些。如果所整理的档案属于一个全宗，那么第一项环节就不必要；如果所整理的档案是已经组成案卷的，只是有某些不足，那么第三项程序就不是立卷而是调整案卷。

第三节　档案的统计和监督

一、档案统计

档案统计是用定量的方法对档案工作进行量的抽象，通过从质、量联系中对数量的观察和研究，以指标数字揭示档案和档案工作中诸现象的发展过程、现状及其一般的规律性。

档案统计工作既是档案工作中一个独立的工作环节，也是保证档案工作质量、提高档案工作水平的一项有效方法，档案统计在整个档案工作中占有重要的地位。首先，档案统计是档案事业建设的一项重要基础工作，它是了解和掌握档案的形成、管理、利用情况和档案事业发展的重要手段，长期地、系统地积累档案统计资料，开展管理研究和综合分析，可以进一步认识和掌握档案工作的基本规律，为提高档案的科学管理水平打下基础。其次，档案统计是制定有关档案工作的方针、政策和计划并检查其执行情况的重要依据，档案统计数字的形成，准确地反映出档案工作部门的真实工作情况和档案管理活动的规律，从而为保证上级决策的正确性和对所属部门的工作进行指导、监督和检查，提供了可参考和借鉴的统计资料。再次，档案统计也是对档案事业发展实行监督的有效工具。通过档案统计可以客观地反映出档案工作发展水平，从中发现问题和选出典型，表扬先进，揭露并寻找后进原因，采取有力措施，予以改进。最后，档案管理各业务环节的工作，要取得档案统计的密切配合，档案工作各业务环节的工作，应该做到"胸中有数"，也就是对情况和问题一定要注意到它们的数量，要有基本的数量分析。任何质量都表现为一定的数量，没有数量也就没有质量。

档案统计工作的进行基本上可以分为三个步骤：选定档案统计指标、档案统计调查、档案统计资料的整理与统计分析。

（一）选定档案统计指标

统计指标的确立是进行档案统计的基础。档案统计是通过统计指标来表现档案工作领域中现象的数量的状况。档案统计是用数字的形式来描述档案工作中的现象、状态、水平、进程及其发展程度。它具有固定指标，如档案机构、人员数、保存档案的数量、销毁档案的数量、提供利用的人次、卷次、档案馆建筑面积、库房设备等。然而，实际工作中并非需要对档案工作的每一项内容都进行统计，也不是对于档案工作中的任何数量表现都有必要制定相应的统计指标。

（二）档案统计调查

档案统计调查的基本任务在于取得大量的、原始单位的真实材料。它的基本形式有统计报表和专门调查等形式。

1. 统计报表

统计报表是指下级档案管理机关和档案馆（室），按照统一的规定以报表的形式定期向上级机关报送的文件，它是档案统计中最基本、最经常的一种形式。统计报表也是档案统计工作中的一种制度，建立基本的统计报表制度，对档案行政管理机关收集必要的资料，及时掌握情况，发现问题，进行指导，改进与安排工作，是十分必要的。

表报制度的主要特点是：填报单位都以原始记录为依据，按照规定的格式、统一的计算方法和一定的期限填送报表。

2. 专门调查

专门调查是指根据一定的目的要求，临时组织起来的调查，它是统计报表的一种补充形式。调查所获得的丰富资料对档案管理机关规划和指导工作，对于把统计工作纳入正常轨道及建立严密的档案装订制度，具有十分重大的意义。专门调查不能太多，以免造成不必要的重复，减少实际工作部门的压力。

在统计调查中，必须有明确统一的、准确的调查目的和任务、调查对象、时间和地点，要有比较详细的调查提纲，才能确保档案统计调查的质量，从而以实事求是的态度取得比较准确的可以综合的原始资料。

（三）档案统计资料的整理与统计分析

统计调查获得的资料是分散的、大量的、原始的。为了把这些资料系统化地集中起来，以便能反映宏观和微观两个方面的情况，必须对统计资料进行整理，整理的主要途径是对档案统计资料进行统计分组、归纳整理，其结果表现在统计表中。

统计分组，是档案统计中的一种重要方法。通过把档案工作中的各种现象分成不同类型的组，加深对档案工作总体构成与现象之间的相互关系的认识。正确地选择分组标准，是使统计研究获得正确结论的前提。

档案统计分析，是对调查获得的大量的经过整理的资料进行分析研究，从中发现和总结出带有典型性的经验教训，以便进一步提高档案的科学管理水平。

二、档案监督

档案馆（室）利用档案提供证据，开展咨询，进行信息反馈。从一定意义上理解，这也是一种监督，也可以视为服务性的监督，或者是监督性的服务。档案馆（室）的监督作用，是通过准确地反映社会主义建设的实际过程和结果，反映各地区、各部门、各单位执行党政各项工作方面的方针政策，是通过对国家计划实际完成情况来实现的。统计部门是用数字语言来表述事实的，而档案馆（室）是用文字、图表、音像来表述事实的。统计部门、档案部门所提供的比较准确的数字和事实，成为各种监督手段的基础，档案馆（室）如何履行这种监督职能呢？

（一）档案馆（室）的监督职能

档案馆（室）属于统计监督部门，是指档案馆（室）在社会上的分工及其所处的地位。档案部门保管档案、研究档案和在提供档案的同时进行编制工作，其主要目的是更好地适应各界对档案的利用需要，为党和国家各项工作准备资料。档案事业是和社会主义各项事业紧密联系在一起的，档案工作是一种资料性质的服务工作。实际上，档案服务与档案监督是档案工作不可分割的两个方面，离开档案的服务作用，档案监督就会受到影响；离开监督作用，档案服务就失去了应有的意义。服务职能固然重要，但是从另外一个角度来看，档案部门的统计监督职能也不应被忽视，这是因为：统计监督是节约劳动时间、提高生产效率的重要手段。

（二）指导、监督管理档案信息工作

信息与人力、能源、设备、资金一样，是企业中极其宝贵的资源。一个工厂，从购进原料到输出产品，有两个主要的流程，即实物流和信息流。信息流是为指挥、管理、配合、适应、协调企业中实物的流动而产生的各种指令、规章制度、技术图纸、报表、数据、凭证及情报资料等。档案是形成信息流的主要组成部分。信息（包括档案）可以作为计划决策的依据，有效地利用信息，可以将储藏在其中的丰富技术知识和成果，迅速转化成生产力。从一般意义上讲，档案是一种办理完毕的信息载体，是历史的记录。但在现代化大生产条件下，生产的连续性和继承性的特点，却决定了档案具有更强的现实性或现行性。

档案部门应该监督现行管理信息的形成和运转过程。档案信息材料是经众人之手来收集、制作、传递的。如果没有严格的规定，没有一个专门机构来监督指导这项工作，就不可能获得完整、准确、系统的信息，它的流动也会停滞、受阻，以致使整个工作受到损失。档案部门应该成为信息管理工作的参谋，协助信息管理系统制定有关的规章制度。研究并掌握信息材料形成的规律，从信息处理业务的角度，具体指导各职能部门信息材料的编制工作，并提出具体归档要求；监督技术文件材料审批签署制度的执行和技术文件材料的传输工作。技术文件材料是先归档后复印下发的，这样做便于档案部门执行监督职能，凡没有签字或签字不全的拒绝复印下发，如此，各职能部门就会主动将需要复印上报下发的技术文件材料送到档案室来归档；这样做了以后，档案部门就成了技术管理信息的中继站和质量控制中心，它与现行生产经营管理活动的关系就更近了一步，成为企业经营管理不可缺少的一部分。

第四节　档案的鉴定与保管

一、档案鉴定

（一）档案鉴定工作的基本内容

档案鉴定工作，就是甄别和判定档案的价值。鉴定时要以历史唯物主义的观点，从党和国家当前和长远利用档案的需要出发，根据统一的鉴定原则和标准判定档案在政治、经济、科学、文化等方面的历史和现实价值，确定不同的保管期限，以便把需要长远保存的档案妥善地保存起来，准确地拣出不需要保存的档案，按照规定的手续予以销毁。鉴定档案的主要目的在于正确地确定需要保存的档案，保护有价值的珍贵档案，使档案馆（室）保存的档案有较高的质量，有利于档案的利用和保管。在鉴定工作中，剔除或者销毁不得保存的档案虽然是工作内容之一，但不是主要目的。

（二）档案鉴定工作的意义

1. 便于发挥档案的作用

保存档案的主要目的，是发挥档案的作用，为社会主义事业服务。如不进行鉴定工作，把大量已失去保存价值的档案同有价值的档案混杂在一起，使档案臃肿庞杂，将会给查找利用带来很大困难，档案的作用不能得到充分发挥。

2. 便于档案的安全保管

如果不进行档案鉴定工作，把大量失去保存价值的档案和有价值的档案一起保管，不仅浪费人力、物力、财力，而且妨碍档案保管条件的改善，影响档案的安全保管。鉴定工作一方面能分清档案主次，对价值大的档案重点保护；另一方面，还能腾出库房和装具妥善保管有价值的档案。

3. 便于应付突发事件

如果不搞好档案鉴定工作，一旦发生水灾、火灾、地震或战争等突发事件，就会因档案不分重点与一般，无法及时地、重点地对其进行转移和抢救而造成玉石俱焚。

（三）鉴定档案的基本观点

在鉴定档案价值工作中，应坚持以下几种基本观点。

1. 全面的观点

认识档案的价值和作用，应当从国家和人民的集体利益出发，用全面的观点，充分地认识和估计档案的价值，而不能只从一个机关、一个部门的局部是否需要去考虑。档案是国家的财富，它的作用是多方面的。某一个机关不需要的档案，往往其他机关需要；对当前工作参考价值不大的档案，可能对将来的历史研究有重要价值；档案的形成不是孤立的，各个全宗之间、全宗内的档案之间是互有联系的，在判断档案价值时，应将有密切联系的档案联系起来去判断它的价值，不能孤立地去判断某份文件或某部分档案的价值。

2. 历史的观点

档案是历史记录，它是在一定历史条件下形成的，它的产生总是和一定的历史条件相联系的。鉴定档案价值时，必须运用历史唯物主义的观点和方法，根据档案产生的时代背景和在历史上的作用去判断档案的价值。历史档案，必须用历史的观点考虑它的价值。

3. 发展的观点

社会是发展的，需要利用档案的因素也是变化的，档案的价值必将随之发生变化。鉴定档案价值时，要用发展的眼光预测档案的长远的历史作用。现在有用的档案，将来可能没有用处；现在尚未用到的档案，将来可能有用。

因此，鉴定人员在工作过程中，要站得高、看得远，有科学的预见性，而不能拘泥于目前形势。

上述三种观点是辩证的统一，鉴定工作中要力求兼顾。

（四）档案鉴定的标准

没有明确的鉴定档案价值的标准，我们就无法准确地判断档案的价值和作用，更无法确保档案鉴定结论的可靠性和科学性。档案价值标准主要包括档案来源标准、档案内容标准、档案形式标准和相对价值标准。

1. 档案的来源标准

分析档案的来源，就是从档案的形成者和文件的作者方面去分析档案的价值，由于文件的作者和立档单位的社会地位、作用不同，档案价值也是不同的。高级领导机关、重要单位和著名人物形成的档案往往具有重大价值。

2. 档案的内容标准

这是鉴定档案价值的一个重要方面，就是根据档案内容所记述和说明的事情、事件、问题，分析这些信息对社会利用的价值，判定档案的保管期限。一般来说，以下几方面内容价值较大：反映立档单位主要职能活动和基本历史面貌的文件；反映党和国家的方针政策的文件；反映重大历史事件的文件；反映主要业务活动的文件；反映全局性的文件；有针对性、依据性的文件。总之，凡是有科学意义和实际查证意义的文件就有比较大的保存价值，而反映一般日常事务性活动的文件的保存价值不大。

3. 档案的形式标准

档案的形式特征包括档案的形成时间、名称、可靠程度及外形特征等。

（1）分析档案的形成时间

分析档案的形成时间主要是看档案产生的时间和所处的历史时期。一般来说，产生时间越早就越珍贵，古代档案保存到今天的很少，它具有特殊的意义。档案内容针对的时间，也是考虑档案保存价值的重要根据，如合同、协议书、借据等，其在一定时间内具有法律查证价值，有效时间过去以后，往往会失去原有的价值，但作为档案史料，有的仍有科学研究价值。

（2）分析档案的名称

从档案名称可以看出档案的不同用途，从而可以看出它的不同价值，如命令、决定、决议、条例、纪要、报告等，往往反映了方针政策、重要事件和主要的工作业务，就要比一般性的通知、简报、来往函件等重要。当然，仅看档案名称只具有参考的性质，还不足以完全掌握其价值实质，因而还要结合档案的内容，方能做出全面的评价。

（3）分析档案的可靠程度

档案有正本、抄本、草案、草稿等区别，标志着不同的可靠程度，其价值也往往不同。但在没有正本的情况下，抄本、草案也有重要价值。从重要立法文件的草案、草稿中可以看出其产生的过程。

（4）分析档案的外形特点

档案外形特点主要是指档案的制成材料、书写方法、笔迹及标记等。外形特点也影响档案的价值。如有的档案的内容不重要，而其文字具有书法和文字学研究价值；有的花边图案具有艺术价值；有的因有著名人物的批注、题词、签字等，使其价值提高了。

4.档案的相对价值标准

相对价值所体现的规律是：在全宗和全宗群类档案保存比较完整的情况下，各种类型的文件价值基本正常，其中有些文件的保存价值相对降低；在保存不完整的情况下，残存档案的保存价值相对提高，一般情况下，当保存的档案比较完整时，鉴定的尺度应严格一些；如果保存下来的档案已不完整，鉴定的尺度应酌情宽一些。

（五）档案鉴定工作制度

为了保证鉴定工作有组织、有监督地进行，必须建立和健全档案鉴定工作制度。我国档案鉴定工作制度有三个基本内容：

1.鉴定档案的标准

由党和国家及其档案事业管理机关制定统一的档案鉴定标准。

2.鉴定工作的组织领导

机关的档案鉴定工作，必须在机关办公厅（室）主任主持下，由档案部门和有关业务部门组成鉴定小组共同进行。档案馆对无须保存的档案进行鉴定和处理，一般应由馆长、专业人员和有关机关的代表组成的鉴定委员会（或小组）负责进行，并经领导机关批准。

3.销毁档案的制度

需要销毁的档案，必须办理批准手续。机关销毁无须继续保存的档案，须经过鉴定，写出报告，并登记销毁清册，经机关领导人批准后销毁。档案馆经鉴定需要销毁的档案，还必须报请主管领导机关批准。销毁档案时由双人监销。

（六）直接鉴定法

直接鉴定法是鉴定档案价值的基本工作方法。它的含义和要求表现为两个方面。

一是鉴定档案价值时，要直接地、具体地按照档案的实际情况判定其价值。因为档案保管期限表的条款不可能反映具体档案的一切特点，也不可能包括所有的档案；同时，也只有了解了档案的实际情况后，才能知道它适合保管期限表的哪一个条款。二是要求鉴定工作人员逐件逐张地审查文件，而不是仅仅根据案卷目录和案卷标题就判定其价值。

直接鉴定法是保证鉴定工作质量的重要方法，必须坚持这种工作方法。但它不是要求机关领导人、鉴定组织的全体成员都要去翻阅一遍所有被鉴定的档案，应该由哪一个环节去直接审查档案，可根据具体情况来确定。

鉴定档案价值，一般应以案卷为单位来进行。当一个案卷内有不同价值的文件时，应以最重要的文件的价值来确定它的保管期限。

二、档案保管

（一）档案保管工作的内容和任务

档案保管是指根据档案的成分和制成材料所采取的存放和安全防护措施，它的内容主要包括三个方面：一是档案的库房管理；二是档案流动过程中的安全防护；三是为延长档案寿命而采取的各种专门技术处理。

维护档案的完整与安全是档案保管工作的中心任务，主要体现在以下方面。

1.防止档案的损坏

了解和掌握档案损坏的规律，经常采取专门的技术措施，最大限度地防止或减少各种损坏档案的不利因素，把档案的自然损坏率降到最低限度。

2.延长档案的寿命

从根本上采取积极措施改善档案的保管条件，提高档案的复制与修复技术，尽可能地延长档案的寿命。

3.维护档案的安全

一方面是指档案作为一种物质，必须最大限度地使其存在下去；另一方面是指档案作为一种社会现象，要在政治斗争中保证其政治上的安全。

（二）档案保管工作的意义

档案保管工作在整个档案工作中具有重要意义。档案保管工作对整个档案管理工作具有重大的影响，在一定的条件下，甚至有决定性的影响。档案保管得好，就为整个档案工作提供了物质对象，这是档案工作最起码、最基本的前提；如果档案保管工作做得不好，势必加快档案的损坏，甚至使其损毁殆尽；如果档案保管得杂乱无章，就会影响整个档案工作的进行。所以，保管工作的质量高低，对档案管理工作的水平具有重要的影响。

（三）档案保管工作的基本原则

"以防为主、防治结合"是档案保管工作的基本原则。"防"，就是要预防档案的损坏和丢失，防止人为或自然因素对档案的污染和损毁，如防盗窃、防破坏、防火、防尘、防潮、防虫、防光等措施；"治"，就是对已经损坏的档案进行治理，对破损的档案进行复制和修补，如灭虫、恢复字迹、恢复纸张的机械强度等补救和修复措施。"治"的技术包括：修复技术（如档案的去污技术、去酸技术、档案字迹的恢复技术、档案修裱技术等），对已经损坏的档案进行处理，尽量使其恢复历史面貌，增强原件的耐久性；复制技术，档案利用服务中，可以用档案复制件代替原件使用，有效减少原件的磨损，也可以将档案内容转移到质量和性能较好的载体上，这样就能很好地保证档案内容不受损坏。在"防"和"治"两个方面中，"防"是档案保管工作中的根本工作，是工作的主导方面。对于档案文件来说，"未损先防"才是积极的治本方法。但只"防"不"治"也不行，档案文件遭到破坏后，不"治"就不能挽回损失。抓好"治"对"防"也有促进作用。因此，在保管工作中，应该贯彻"以防为主、防治结合"的方针，这样才能切实维护好档案的完整和安全。

（四）档案的安全保护

档案的安全保护是指通过一定制度和采取专门技术措施来防止或减少档案损毁的工作。其主要内容有：控制库房温湿度；保卫和保密；防火、防光和防尘；档案在搬动过程中的保护及档案的安全检查等。

1. 控制库房温湿度

库房内的温湿度是直接影响档案"自然寿命"的主要因素，因此，科学地控制温湿度，是做好档案保管工作的重要措施。不适宜的温湿度，会直接影响档案制成材料的耐久性，加速不利因素对档案的破坏。温度过高，纸张原有水分蒸发，文件会干燥发脆，耐折程度降低，甚至变色、发黄；湿度过大，纸张容易生霉和繁殖其他有害微生物。因此，当库房内温度过高或湿度过大时，就要及时采取降温或去湿措施。

2. 保卫和保密

档案是党和国家的宝贵财富，其中有许多机密性的资料，档案工作者必须高度重视档案的安全性与机密性，要时刻保持警惕，加强库房的各项保卫与保密工作，确保档案的安全。首先是在管理制度上要高度重视并严格按照相关要求做好各项工作。档案库房必须建立严格的管理制度。库房管理人员首先应该做好防盗工作，堵塞一切可能导致失窃的漏洞。非库房管理人员，未经批准，不得随便入库。进入机密库房时，应严格执行出入库房制度。珍贵的、绝密的档案应放入保险柜，在专门的地点保存。对出入库房的档案，应进行仔细清点和登记。库房管理人员和值班人员必须忠于职守，严防任何盗窃和破坏事件发生。

3. 防火

档案馆（室）必须建立和执行严格的防火制度，并把防火作为经常性的重要工作。防火工作的基本内容主要是加强消除火灾隐患和做好灭火准备两个方面的检查，杜绝发生火灾的可能性，要定期检查库房内诸如电气设备和输电线路等安全设施，发现不安全因素应立即排除并采取有效措施解决。库房内严禁吸烟，禁止使用一切明火光照，库房内要安装自动灭火设备或消火栓。

4. 防光和防尘

防光措施就是要减少光对档案的危害。防光的措施有：库房的窗子要少，要加设遮阳措施；对于窗玻璃，要采取一定的防紫外线措施；库房内的照明宜用白炽灯；防尘的措施主要有：注意档案的密封保存，将档案放入卷盒与橱内；利用绿化植物能过滤有害气体、阻挡和吸附灰尘的特点，尽可能在库房周围进行绿化；档案材料在进库前要进行除尘处理；日常工作时，工作人员要注意卫生和形成良好习惯，如换工作服和拖鞋。

5.档案在搬动过程中的保护

档案有时候为方便提供利用等而需要搬动。档案在搬动过程中，应采取有效的保护措施，尽量避免或减少档案的机械磨损和污染。取放档案必须轻拿轻放，做好搬动过程中的保护工作。除了物质和技术措施以外，特别重要的是要求档案管理人员有高度的政治责任心和踏实细致的工作作风。

6.档案的安全检查

安全检查是库房管理的一项重要工作，包括对档案库藏的检查和对借阅后归还档案的检查及污染的主要根源的检查。定期或不定期地对档案进行检查，对库房管理工作有着重要意义。检查不仅能发现工作中的缺点，以便及时纠正，而且是维护档案安全和完整的一项重要措施。只有通过细致的检查，才能确切地了解档案安全保管的程度，从而采取有效的措施改善保管条件，防止档案继续被损坏。

第五节　档案的检索

一、档案检索概述

档案检索是对保管的档案进行内容的著录和标引，并能够根据利用者需求查找档案的工作。它是开展档案信息服务的必要条件，是开发档案信息资源的重要手段，在档案管理过程中起着承上启下的作用。

档案检索有广义与狭义之分。狭义的档案检索是指利用各种检索工具，从各种角度查找利用者所需档案的过程。广义的档案检索则是指存贮档案信息线索和利用检索工具查检所需档案的全部过程。

档案检索的具体内容包括两部分：其一是档案信息存贮过程。这一阶段的主要内容是：通过著录标引，编制检索目录（包括手工检索目录和机读目录），建立检索工具体系或机读数据库。其二是档案信息查检过程。这一阶段的主要内容是：首先，编制检索策略。即对利用者的检索要求进行分析，确定提问主题，形成概念，并借助检索语言把这些概念转换成规范化的检索标识。在计算机检索中，还应按照实际需求，把这些检索标识之间的逻辑关系表达出来，形成检索表达式。其次，查检所需档案。即检索人员采用各种检索手段，把表示利用者需求的检索标识或检索表达式与存贮在检索工具体系或数据库中的信息进行相符性比较，将符合利用者要求的条目查找出来。在手工检索中，相符性比较是由人工进行的，在机检过程中由计算机来完成。

二、档案著录

档案著录是档案馆（室）编制档案检索工具时对档案的内容和形式特征进行分析、选择和记录的过程。通过著录可以具体记录下每份文件或每个案卷的特征，揭示其主题内容和科学价值，并指明出处。著录的结果是编制出条目。所谓条目，就是由若干著录项目组合而成的一条记录，是依照一定的方法，对单份文件或案卷的内容和形式特征的记录。

编制检索工具一般都经过两个步骤。第一步是档案著录，遵循著录规则，将文件或案卷内容和形式特征目录形成一个个条目；第二步是组织目录，就是把许多条目按照一定的方法组织成一个有机体系，形成档案检索工具。

档案著录的质量决定检索工具的质量。任何检索工具要具备良好的存贮和检索的功能，都必须以目录的详细、准确、格式与标志相统一、方法一致、文字简明为条件。著录中的差错与混乱，必然降低检索工具的效能，甚至会使其丧失作用。

（一）著录项目

档案著录应包括下列项目。

题名与责任者项（包括正题名、并列题名、副题名及说明题名文字、文件编号、载体类型标志、第一责任者、其他责任者）、文本项、密级与保管期限项、时间项、载体形态项（包括数量及其单位、规格、附件）、丛编项、附注项、提要项、排检与编号项。

（二）著录方法

各著录项目的著录方法如下。

①题名。过去在档案系统中称作标题。因"标题"一词容易与主题混淆，在主题体系中，主题词表又称标题词表，主题目录又称标题目录。迄今在图书馆、情报界还有人把标题与主题理解为同义语，因此，将标题改为题名。

题名，包括正题名、并列题名、副题名等。

正题名。文件或案卷的主要题名，也就是文件题目名称或案卷标题名称。

并列题名。文件或案卷以两种语言文字书写的与正题名对照的题名。

副题名。副题名是对正题名的补充说明，通常提供更具体的信息。

②文件编号。它是文件制发机关编写的发文顺序号或图号。发文编号一般由机关代字、年份、发文顺序号组成，著录时不能省略。

③责任者。在档案系统称为文件的作者，或发文机关、文件制成者。公务文件的责任者通常是机关、机关内的某组织机构或个人。书稿档案的著者、编者、译者、校者对档案内容的创造、整理负有直接责任，但责任又不相同，如果均称为作者，就不够确切。根据形成文件所负的责任，分为第一责任者和其他责任者就比较确切。第一责任者是指对文件负有直接责任、主要责任的组织和个人。当文件上只有一个责任者时，就将其作为第一责任者著录，其前加"/"号。如有两个责任者又分不清所负责任的主次时，可作为并列第一责任者著录，相同责任者之间加"，"号。

（三）标识符号

档案著录的标识符号，分为著录项目标识符和著录内容识别符两种。标识符号作为一种人工语言的形式，把复杂的概念转换成简洁、概括的书写称谓形式，指代某一特定的内容，便于著录。它具有固定著录项目排列的顺序和准确认识不同著录项目的功能，便于输入计算机和对外报道与交流。

（四）著录格式

著录格式是指条目内各种著录项目的组织、排列顺序及表示方法。档案著录格式有两种类别：一种是段落式，其中又可分为段落式标识符号法和段落式空格法；另一种为表格式。

（五）著录详简级次

著录详简级次，指著录时对著录项目的取舍程度。著录格式中所列的著录项目，并不是任何档案都要全部著录，而是应从实际出发，可详可简。如果著录项目已经标明档案的内容和外形特征，一些次要项目就可以不要。必要项目，必须著录，不能省略；选择项目，可根据具体情况决定取舍，较为灵活。

必要项目包括正题名、第一责任者、时间、分类号、档号、缩微号、主题词等。选择项目包括并列题名、副题名及说明题名文字、文件编号、载体类型标志、其他责任者、文本、密级、保管期限及载体形态、丛编、附注、提要、档案馆（室）代号。著录的详简级次，分为简要级次和详细级次。凡条目仅著录必要项目的称简要级次。凡条目除著录必要项目外，还著录部分或全部选择项目的称详细级次。档案馆（室）可根据具体情况，自行选择详简级次。

（六）著录用文字

著录用文字必须规范化，字体清晰，便于识别；不得用行书、草书书写，不能使用自行简化的汉字。著录项目中的数字，除题名中的数字按照原写法著录外，凡出现在文案和外文档案的著录，必须依照少数民族文字和外文书写规则著录。

（七）著录来源

著录来源是被著录档案本身、文件的著录来源，主要是文头、文尾，主题词的标引应查阅正文。案卷的著录来源主要是案卷封面、卷内文件目录、备考表。主题词的标引应查阅卷内文件。当被著录档案材料不足时，可参考其他材料。

三、档案标引

档案标引，就是对文件或案卷的内容进行分析，根据分析结果给予检索标识的过程。给予分类标识的过程，称为分类标引；给予主题词标识的过程，称为主题标引。

（一）档案分类标引

1.分类标引的要求

档案分类标引，就是给文件或者案卷一个分类号，作为组织档案分类目录和索引的依据。

分类号的号码，要求简单明了，易认易记，易于排列和检索。号码能收缩和扩张，适应分类表中类目的增减，类目压缩时能收缩，类目增加时能扩张。号码应具有逻辑性，利用人们熟知的阿拉伯数字或字母的自然顺序表示类目的次序、位置及相互之间的关系。

2.分类标引工作的程序和方法

（1）熟悉分类表

不仅要了解分类表的编制目的、使用范围、分类原则、体系和结构；还应了解分类表各类目的含义、类目之间的关系、标记符号的使用方法等。

①进行主题分析

档案分类标引，是从档案的内容所反映的事物的性质方面去揭示档案的，因此，必须正确地掌握文件或案卷的内容，细致地进行主题分析。可采用以下几种方法：一是分析题名。题名一般能概括地反映档案的中心内容和性质，认真地弄清题名是分析档案主题的简便方法。应该注意，有一些题名不能准确地揭示文件或案卷的内容，所以它不是主题分析的唯一方法，还应当审读正文。二是审读正文。对文件或案卷的正文粗略地浏览，了解文件的撰写目的和具体内容，从而确定其论述的对象和主题，判定应将其归入什么类目、能提供哪几条检索途径。三是查阅文件版头与附加标记。党政机关的大部分文件都有固定的版头，标明发文机关的全称或通用简称及发文号。版头只有发文机关、抄送机关、成文日期盖印与签署。文件的附加标记有密级、缓急时限、阅读范围等。通过这些方法，可以了解文件的主题内容、使用范围和参考价值。

②归入最恰当的类

通过分析题名和浏览正文后确定的主题，查阅分类表，找到确切相符的类目，标出分类号。

③审校

它是保证标引质量的重要措施，应逐条审校。

3. 分类标引的基本规则

首先，档案的分类标引必须对文件或案卷进行周密的主题分析，查明所论述的对象属于什么主题、有什么作用，正确地给予其分类号。其次，档案分类标引必须符合专指性的要求，根据文件或案卷内容给出最合适的分类号，既不能给予上位类号，也不能给予下位类号。只有当分类表上无恰当类号时，才能给予上位类号或与档案内容最密切相关的类号，必要时也可增设新类目。再次，档案分类标引应为充分发挥档案的作用创造条件，能在检索工作中提供必要数量的检索途径。凡一份文件涉及两个及以上主题时，可以标引两个及以上上位类号。当一份文件在一个案卷中涉及四个及以上主题时，可以给予其包括这些主题的上位类号。最后，给予分类号要遵循前后一贯性的规则。由于这些档案内容的性质是相同的，所以会产生一些相同的条目，这些条目都归入一个类目中，被给予相同的分类号，由始至终保持一致。

（二）档案主题标引

档案主题标引，是通过对文件或案卷内容的主题分析，从主题词表中选择相应的主题词来标志其内容主题，存贮在检索工具中，作为检索的依据。

1.档案主题标引的步骤和方法

（1）审读文件，确定主题

就是通过审读文件了解所论述的中心内容和其对象是什么，从而确定它的主题，以便进行标引。文件的正文是确定主题的主要依据，文头、文尾和附加标记是参考依据。

①确定主题的类型与结构

主题类型分为单主题和多主题。单主题就是一份文件或一个案卷只表述一个对象或一个问题，由一个主题词（包括由两个及以上主题词组配起来的复合主题）表达其主题；多主题又称并列主题，它是指文件或案卷表述了几个对象或几个问题，必须由几个主题词进行逻辑组配，才能完整地表达其主题。在标引中，要将多主题分解为一个个单主题，再以单主题为一组进行标引。

主题的结构是指主题构成的各个组成部分。主题构成的因素可分为主体因素、通用因素、位置因素、时间因素、文件类型因素五种。主体因素（研究对象、材料、方法、过程、条件等）是标引的主要概念和主要对象，是标引的核心，是利用者查找文件的重要检索途径；位置、时间、文件类型等因素，对主体因素起修饰、限定和细分的作用，是标引的次要概念和次要对象。只有深入分析文件或案卷的主题结构，才便于对其涉及的主题概念进行精确的选择。

②对主题进行概念分析，选定主题词

在确定主题的类型和结构后，必须将其转化为正确的主题词，从词表中选定相应的主题词表述文件或案卷的主题。具体选择主题词时，应深入研究主题分析的全面性、概念分解的准确性，充分考虑利用者的检索需要，从主题词表中选择专指性强并能正确表达其主题概念的主题词。

③给出主题标志

确定了选用的主题词，并明确了各主题词之间的关系后，才能将主题词著录在条目上。

④校对审查

要审查对文件或案卷的主题分析是否正确，主题概念是否恰当，选定的主题词是否确切表达了主题，著录有无错误，是否符合标引和组配规则。标引中的任何差错，纳入检索系统后是很难纠正和补充的，所以，校审是主题词标引工作中不可缺少的步骤，应由精通业务的人员担任。

（2）档案主题标引的规则

档案主题标引必须客观揭示档案所论述的事物或问题，标引人员不得掺杂个人的观点。

①主题标引的深度

一般文件级条目可标引三个至八个主题词，个别文件不受此限。案卷级条目的主题词还可适当增加。

②主题标引的依据

凡是文件或案卷论述某一问题或事物的，应以问题或事物本身为标引依据；凡论述问题或事物的几个基本方面的概念，均应予以标引；假若论述某一事物的方面太多，可以只标引主要方面的概念；各主题的文件或案卷，应将几个并列事物或问题分解为几个主题进行分组标引或分组组配标引。

（3）标引的选词原则

①标引的主题词，一般必须是主题词表中规定使用的主题词。书写形式要与词表中的词形一致，一般不用非正式主题词标引。②标引的主题词，必须选用词表中最专指的主题词；当词表中没有最专指的主题词时，应选取最直接相关的主题词组配标引。③如果组配仍达不到标引要求时，应选用上位主题词标引；当上位主题词仍达不到要求时，可增补新的主题词或以自由词进行标引。

（4）增补新主题词和选用自由词的要求

①在档案内容中经常出现的、具有较大检索意义的基本名词或词组。②具有较高的使用频率，今后有可能大量出现的名词或词组。③必须是概念明确、词语简洁、一词一义的词。④增补的主题词和选用的自由词，应填写"主题词增删记录卡"，为编制适用的主题词表积累材料。

（5）档案主题词的组配规则

所谓组配，是指在标引时，用两个及两个以上的主题词的合理组合来表示文件或案卷的主题。主题法的灵活性主要表现在组配上，它能用较少的主题词以组配方式来表达档案的主题。

第一，组配必须是概念组配而不是单纯的字面组配。所谓概念组配，是指几个主题词之间，在概念上必须有某种逻辑关系或语法关系，其实质是概念的分析与综合。字面组配往往不考虑这种概念关系，而是从字面出发，有时甚至有随意性，其结果会造成含义不清或产生歧义。

第二，不能越级组配，只能选用与文件主题关系最密切、最邻近的主题词进行组配。当能用一个专指的主题词组配时，不能用上位或下位主题词组配。

第三，组配结果，要求概念清楚、确切，只表达一个主题。

四、档案检索工具

档案检索工具是记录（又称著录）、报道、查找馆（室）藏档案材料的手段，是档案管理和提供利用的工具。所谓记录馆（室）藏，就是通过一定的格式、规则，准确地把档案外形和内容特征、存址记录下来，揭示出档案馆（室）保存档案的内容和成分。报道馆（室）藏是指通过一条条记录，介绍馆（室）收藏档案的范围、种类、内容，供利用者选择使用。查找馆（室）藏是指按照一定的途径和方法，及时准确地提供馆（室）藏的档案材料，满足利用者的需要。在三者关系上，记录是基础，报道、查找是手段，发挥档案作用是目的。编制和使用检索工具，在实现档案科学管理和提供利用工作中占有重要地位。丰富馆（室）藏虽然为开展利用工作奠定了物质基础，但是要从堆积如山的档案中找到符合利用者特定需求的档案材料，并不是一件容易的事，"沙里淘金""大海捞针"正是对这种状况的形象描述。有时利用者急需的档案材料，档案工作者翻箱倒柜也找不到，究竟是有还是没有，也无法给出肯定回答，其重要原因之一就是缺乏必要的检索工具。

（一）档案检索工具的种类

随着社会主义事业的发展，档案的数量日益增加，档案检索工具也越来越多，类型也比较复杂。现将档案检索工具的种类分述如下。

1.按照著录范围来划分

以一个全宗或全宗的一部分档案为著录对象的检索工具，有案卷目录、案卷文件目录、全宗文件目录、全宗文件卡片目录、重要文件目录、重要文件卡片目录、文号目录、全宗指南等。

以档案馆（室）的全部或部分档案为著录对象的检索工具，有分类卡片目录、分类目录、主题卡片目录、主题目录、专题卡片目录、专题目录、专题指南、人名卡片目录（或索引）、地名卡片目录（或索引）、档案馆指南等。

以若干个档案馆的全部或部分档案为著录对象的检索工具，有全国性或地区性的档案联合目录。

2. 按照检索手段划分

按照检索手段不同，可分为手工检索和机器检索两大部类：手工检索工具包括卡片式和书本式目录与索引，历史较久，已定型，使用方便，是传统的检索工具；机器检索工具是现代科学技术的产物。力学、光学、电子计算机等被用来编制检索工具和查找档案。由最初的机械穿孔卡片发展到建立起电子计算机检索系统、光电检索系统等，缩微目录和机读目录大量出现。这些检索工具具有体积小、存贮档案信息量大、检索既准确又快速的特点，有着广阔的发展前景。即使在将来，机器检索也不能完全代替手工检索。因为机器检索必须以手工检索为基础，必须以现代化的设备和一定的经济技术为条件，而手工检索却不需要任何先进设备，只要人工动手即可查找档案，还具备成本低廉、便于流通、便于管理等优点。所以，今后大型档案馆在实现检索机械化、现代化后，更不会完全淘汰手工检索工具，中小型档案馆（室）更不能低估手工检索的作用。所以，在相当长时期内，检索工具发展的总趋势是现代化的电子计算机的存贮与检索与传统的手工检索长期并存，互相补充。因此，档案工作者的任务是既要积极研究机器存贮与检索的各种方法，逐步积累经验，为早日实现检索现代化而努力，又要对传统的手工检索予以足够的重视，不断改进和革新，并使二者互相结合、互相促进、日臻完善。

3. 按照检索工具的物质形态划分

以纸张为载体的检索工具，从形式上可分为卡片式和书本式。卡片式检索工具有全宗文件卡片目录、重要文件卡片目录、专题卡片目录、主题卡片目录、人名（人物）卡片目录、地名卡片目录等。

书本式检索工具，从装帧与否上区分，有固定式和活页式；从体例上区分，有目录式和叙述式。其包括案卷目录、案卷文件目录、全宗文件目录、重要文件目录、分类目录、专题目录、主题目录、人名（人物）目录、地名目录、文号目录、专题指南、全宗指南、档案馆指南等。

4.按照著录档案的机密程度划分

按照著录档案的机密程度不同，有绝密档案目录、机密档案目录、内部档案目录和开放档案目录。

5.按照语种划分

按照语种不同，有中文档案目录、英文档案目录、法文档案目录、德文档案目录、日文档案目录、俄文档案目录等。

6.按照排检方法划分

按照排检方法不同，可分为分类与主题两大部类。按照分类排检的有案卷目录、案卷文件目录、全宗文件卡片目录、分类卡片目录、重要文件卡片目录、专题卡片目录。属于主题范畴按照文字顺序排检的有主题目录、人名目录、主题卡片目录、人名（人物）卡片目录。

（二）档案检索工具的基本职能

档案检索工具的基本职能体现在两个方面：一方面是把文件或案卷的内容和外形特征著录成条目，再将若干条目按照一定的次序排列组织成一个有机体系，这就是档案信息的存贮程序；另一方面是能提供一定的检索手段，使人们可以按照一定的检索方法，随时从存贮的档案信息中检索出所需要的档案材料，这就是档案的检索过程。

无论是手工检索工具还是机器检索工具，都具有存贮和检索的功能。存贮是检索的基础，检索是存贮的应用。用通俗的话来说，存贮就是放进去，检索就是拿出来。没有前者，不可能有后者，没有后者，前者就失去了存在的意义，二者是不可分割的统一体。

由于档案检索工具的这两种基本职能，它能使分散的档案信息，经过选择、著录、分类等程序集中起来，组织成一个有机联系的体系，以备人们从浩如烟海的档案中检索出自己所需要的档案材料。档案工作者在编制检索工具时，应当始终把握住档案检索工具的这两种基本职能。

（三）档案检索工具的结构

档案检索工具的结构通常由说明、目次、主体部分和附录组成。说明是档案检索工具的组成部分之一，通常是以前言或后记方式出现，说明编制目的、内容范围、收集档案材料的所属年代、著录方法、体系结构、使用方法等。目的在于帮助利用者了解检索工具的概貌，以便正确地使用它。

目次是把条目名或各个组成部分的名目按照一定的次序排列起来，并指明其在检索工具中的页次。

主体部分由档案的条目或基本内容组成，是存贮与检索档案材料的实体。档案目录或索引，由收录文件或案卷的著录条目组成，叙述式检索工具则由主要内容组成。档案检索工具质量的高低，主要取决于主体部分内容的详略和存贮信息量的多少。

附录是指附在检索工具后面的各种辅助索引和有关参考材料。目的在于开辟新的检索途径，扩大检索效果，提高检索工具的使用价值。

（四）编制检索工具的根本要求

1.计划性和科学性

编制检索工具是一项长期的业务建设，也是一种很费工时的任务，为了取得良好的效果，各档案馆（室）应根据党和国家各项工作的需要，结合保存档案的特点，以及人力、物力等条件制订计划。既考虑当前工作的需要，先编一些急需的，同时又要有步骤地进行长远建设，编制一些综合性、专题性等大型检索工具，并把手检与机检有机结合起来，逐步建立和健全检索工具体系。

档案检索工具的使用，具有高频率和广泛性的特点，所以必须具有较高的科学性。所谓科学性，就是科学地设计各种检索工具，种类适当，结构体系合理，分类标准明确，组织和排列有一定规律，相互间分工清楚，避免平行和重复，便于使用，检索效率高。

2.全面性和准确性

存贮的档案信息广泛全面和检索档案材料迅速准确是对编制检索工具最重要的要求，也是衡量检索工具水平高低的主要标志。存贮就是将文件或案卷的特征著录下来并输进检索工具中。检索工具中存贮的档案材料要齐全、专业面要广、数量要多，凡是本馆（室）有用的档案材料都尽可能存贮进去，不遗漏任何有价值的档案材料。随着科学技术的迅速发展，生产和科研的规模越来越大，广大利用者特别是科研人员和技术人员在探索人类和自然界的规律与解决生产和工作中的各种实际问题时，对档案材料的需要有一定的广度，这就要求档案馆（室）能按照利用者的要求，使馆（室）藏的相关档案尽可能被全面地检索出来。

随着科学技术日新月异的发展，各行各业面临着激烈的竞争，时间与速度决定着事业的成败。这就对检索工具提出了准确的要求。所谓准确，就是目录与标引没有差错，凡利用者要求提供的档案材料，档案馆（室）一查就能查到，并能及时地提供。如果没有查到，也能给出肯定的答复，做到准确无误，把漏检与误检降到最低限度。

3. 具体性和快速性

具体性是指著录和描述档案的内容和外形特征要详细，标引有一定的深度，使检索工具中能存贮较丰富的信息，能从不同角度检索，为利用者提供各种线索。

快速性是指面对数量庞大的档案材料，无论利用者以何种方式或从不同角度索要，都能迅速查找出来，最大限度地节约查找档案的时间。为了提高查找速度，除了编制使用检索工具外，还应采用现代化的检索设备，例如计算机、缩微拍照机和胶片阅读机等。

4. 实用性和统一性

其中实用性是指编制任何一种检索工具，必须把质量放在首位，要求发挥实际效果，编一种就有一种的用处，切忌盲目追求数量和检索工具的多样化，质量不高、效果不好的检索工具会造成人力物力的严重浪费，加重保管工作负担，也有损检索工具的信誉。

（五）常用档案检索工具

1. 案卷目录

案卷目录是以案卷为单位，登录案卷题名和其他特征，按照案卷号次序排列的一种档案检索工具。编制案卷目录以全宗为范围，通常按照全宗内档案分类的类别来编制，如按照年度编制、按照组织机构编制、按照问题编制等。

2. 全引目录

全引目录，也称案卷文件目录，是将一个全宗内的案卷目录和卷内文件目录汇编成册，按照一定次序编排而成的一种档案检索工具。

3. 全宗目录

全宗目录是一种介绍档案馆所有全宗状况的检索工具，它的内容包括全宗名称、全宗号、全宗内案卷数量及起止年代等。全宗目录适用于档案数量较大、全宗较多的大中型档案馆。

4. 分类目录

分类目录是依据分类表将分类标识以一定次序编排而成的一种档案检索工具。在分类目录中，全部条目按照档案内容的隶属和并列关系组成一个逻辑体系，从而系统地揭示档案的主题内容。目前用于手工检索的分类目录大多采用文献单元方式编制卡片式目录。

5. 主题目录

主题目录是依据主题词表将主题标识以一定次序编排而成的一种档案检索工具。主题目录以揭示档案主题的语词作为排检项，按照语词的字顺排列，具有较好的特性检索功能。

6. 专题目录

专题目录是按照特定专题以一定次序编排而成的一种档案检索工具。专题目录能够集中、系统地揭示档案馆（室）内有关某一专门事物、某一专门内容档案的情况，具有良好的按照专题报道和检索档案的功能。

7. 文号索引

文号索引是指明文件编号及相应档号，以一定次序编排而成的一种档案检索工具，它提供了按照文号检索档案的途径。文号索引一般采用表格形式，所以通常称为文号、档号对照表。也有的档案室以文号为检索项设置较为全面的著录项目，形成文号目录。文号索引适用于单位内部档案室和地县级档案馆。文号索引应按照年度、发文机关分别编制，即将同一年度、同一发文机关的文件编一张表，然后将所有的表装订成册，组成一个档案馆（室）的文号索引。

8. 人名索引

人名索引是指明人名及相应档号，以一定次序排列而成的一种档案检索工具。在档案利用中，查阅人物材料占有一定的比重，由于文件标题中很少反映人名，所以只能编制专门的人名索引才能解决这个问题。

9.全宗指南

全宗指南，又称全宗介绍，是以立档单位全宗为编制对象范围，以叙述的形式对立档单位及其档案的内容和成分等情况进行报道的材料，是向利用者介绍和报道全宗构成者（立档单位）及其所形成档案情况的工具书。由于大多数组织的档案室仅保存本组织一个全宗的档案，所以这些组织的档案室编写全宗指南，实际上就是编写档案室介绍。全宗指南由封页、正文和备注三部分组成。

第六节　档案的编研

一、编研工作的内容和意义

（一）编研工作的内容

编研工作就是以馆（室）藏档案为主要对象，在研究档案内容的基础上，编辑史料、编研参考资料、参加编史修志、撰写专门著述。编研工作以满足社会各界利用档案的需要为主要目的。编研工作的内容包括编辑和研究两部分，具体可分为三个方面。

1.熟悉与研究档案内容，编写参考资料

档案参考资料是根据档案内容综合加工而成的一种素材。有了参考资料，利用者不必翻阅大批档案即可满足一定的需要。

2.编写现行机关的档案文集和编纂档案史料

按照一定的作者、题目、时间或文种等特征对档案进行选编并在一定范围内使用或公开出版，如重要文件汇编、各种专题档案史料汇编等。

3.参加历史研究和编史修志，撰写文章和专著

档案工作者从事历史研究，是我国档案工作的历史传统，古代的档案工作者，往往也是历史学者，许多历史名著出于档案工作者之手。现在档案工作和史学工作虽然有严格的分工，但作为永久保管档案史料基地的档案馆仍需进行一定的历史研究，通过研究成果，有效地发挥档案的作用。这项工作的内容包括研究档案史料、考证史实、结合历史论著参加或承担一部分编史修志等。

（二）编研工作的意义

档案馆（室）的编研工作对整个档案工作具有重要的意义。

1. 编研工作是档案馆（室）主动地、系统地、广泛地提供利用的一种有效方式

可以说，开展档案的编辑和研究工作是档案整理和利用工作的一种高级形式，也是开发历史档案的一项重要措施。

2. 开展编研工作是提高档案馆（室）工作水平的一条重要途径

档案馆（室）切实搞好收集、整理等基础工作，是开展编研工作的基础和前提条件。编研工作的开展，既对基础工作提出新的要求，又能检验和推动各项基础工作的全面发展。同时，由于编研作品的出版和发行可以减轻社会各界来馆（室）查阅的负担，也可使档案馆（室）有更多的时间和精力去从事改进提高工作。研究档案内容、汇编档案史料、参加编修史志等能进一步提高档案馆的科学管理水平。

3. 编研工作是保护档案原件和长远流传档案史料的有效措施

用编写的参考资料和汇编的档案史料提供利用，可以减少对档案原件的重复利用，有利于延长档案的寿命。汇编档案文件发行量大、存放地点多，即使遇有不测，也会此失彼存地流传下去：我国现存的明代以前的档案原件很少，但档案史料汇编却有许多被保存下来，这就是有力的证明。所以，档案编研工作不仅可为子孙后代留下宝贵的文化财富，也为璀璨的中华民族文化增添了新的篇章。

（三）档案编研的原则

为了保证档案编研成品的质量并使编研工作能顺利进行，开展档案编研工作应遵循一定的基本原则。

1. 存真性原则

存真性原则是指档案编研工作要坚持档案工作的基本原则，保证编研材料的真实性和可靠性。档案工作是要维护党和国家历史真实面貌的，编研工作是档案工作的组成部分，只有坚持存真性原则，才能维护历史的真实面貌，这是档案工作的共性要求。与此同时，编研成品所反映的档案信息是否真实可靠，对其作用的发挥具有重大的影响，如果编研材料失真，就会以讹传讹、遗患无穷。

2.实用性原则

实用性原则是指档案编研成品必须适合社会各方面工作的客观需要。实用性原则应当贯穿于编研工作的全过程。从编研课题的选定、选材范围与标准、编研材料的加工方式到印制数量、发放、交流范围等，都应当在了解实际需求的基础上进行，切合实际需要，注重实用性。既包括当前的实际需要，也包括长远的客观需要；既包括社会需要，也包括经济需要。应当正确处理好这些关系。

3.可行性原则

可行性原则是指档案编研工作必须在依托档案馆（室）藏的实际状况和在遵守相关法规的前提下进行。馆（室）藏档案是进行编研工作的物质基础，任何编研课题的选定，除根据实际需要外，还应在馆（室）藏档案内容所覆盖的范围内才是可行的。此外，即使是馆（室）藏内容许可，由于受到档案法规制度的限制，凡不符合开放利用规定范围的档案，都是不可选用的。因此，档案编研工作的开展必须在馆（室）藏档案的基础上，在遵守法规制度的前提下进行。

（四）档案编研程序

1.选定编研主题

选题是编研工作的首要环节。选题合适与否，将直接关系到编研成品的使用价值。选定题目的基本依据是社会活动的客观需要及馆（室）藏档案的现实基础。题目的来源有：第一，主管领导部门下达的课题；第二，有关部门或研究人员提出的课题；第三，档案部门提出的课题。选题的好坏，取决于是否具有针对性和实用性。应针对社会的需要，在馆（室）藏档案许可的前提下，选择有现实意义的题目，从而尽快获得效益。

2.拟制编研方案

编研方案是组织和协调整个编研工作，使编研工作有节奏、有计划地进行的一种计划纲要。拟制好一个比较周全的编研方案，是保证编研工作顺利进行的重要一环。

编研方案的内容包括：编研成品的主题、内容；编研的目的和要求；编研成品的结构和体例形式；选取档案材料的范围；参加编研的工作人员的组织分工；编研进程的时间安排和工作步骤；编研质量保证的具体措施等。

编研方案应由参加编研工作的全体人员讨论，每一环节及步骤都应尽量设计得周到、细致和严密，并征求有关领导和业务人员的意见，从而保证编研计划的可操作性。

3.收集编研材料

根据编研方案，紧紧围绕编研成品的主题收集档案材料，是编研工作的一项重要内容。

首先要注意档案材料的广泛性、联系性和真实性。广泛性，是指符合编研成品主题内容的材料应尽量多地收集，广采博取，力求完整；联系性，是指要保持档案材料来龙去脉的前后衔接关系，不要割断档案材料历史的、专业的或结构的联系；真实性，是指选择的档案材料应是真实可靠的，为此要对相关材料进行鉴别、核实，去伪存真，剔除不必要的材料。其次是要注意选准档案材料，即所选材料与编研成品的题目相贴近，与编研成品的目的相适应，与编研成品的要求相一致。

与此同时，还应当考虑编研成品的发放范围、使用对象和有关的权益问题。根据这些不同的要求，选准档案编研所需要的材料。

4.加工与编排

加工与编排是指对所选的档案材料做必要的加工和有序的编排，是直接关系编研成品质量的一项工作内容。

加工，是在对档案材料分析研究的基础上进行的，包括选录、摘抄（或复印）、绘制图表、内容校核，以及文字、标点、图例、符号的考订和标准化审查等工作内容。其要求主要是做到精确、细致，忠实于档案原件，并在此基础上，根据不同的情况，做一些必要的删减、简化、修改或补充。

编排，是按照拟定的体例形式，对选择的档案材料进行顺序排列。编排的体例形式多种多样，其中有按照时间先后进行编排的，如年鉴、史料、大事记等；有按照地区进行编排的；有按照专业性质、重要程度等不同类别进行编排的；有按照系列、规格、性能进行编排的；有按照生产能力或建设规模大小进行编排的。

5.审校与批准

审校，分为初审和终审。初审是在对档案材料进行选录、摘抄、绘制图表等加工工作时结合进行的，可以由参加编研工作的人员自行审校；终审是对编研成品初稿的全面审查和校核，包括选材内容是否恰当，图样、报表是否准确，编排体例是否严密，文字、标点、图例、符号有无错误，等等。

经过初审和终审后的编研成品初稿，应报请有关领导审定批准。定稿后，编研成品的印刷方式、印发方式、印发范围、印刷数量、发行方式等也需经过批准。

二、大事记

大事记就是按照时间顺序，简要地记载一定历史时期发生的重大事件的一种参考材料。它以简明的文字系统扼要地记录已发生的某些事件，揭示事件的发生和发展过程及事件之间的关系。

（一）大事记的作用

①大事记可以向利用者提供某一问题的历史梗概，便于人们研究史实的演变及其规律性。②大事记可以帮助机关领导和工作人员回忆过去的工作，了解本地区、本机关工作活动和发展的历史概况，便于总结经验和研究问题。③大事记对历史研究人员是很重要的参考材料。④大事记是对人民群众进行宣传教育的良好素材。它提供了许多系统的历史材料，有助于人们从历史发展的事实中总结经验教训、提高认识。

（二）大事记的种类

大事记的种类有很多，目前我国档案馆（室）所编的大事记主要有以下几种。

①机关工作大事记，记载一个机关在一定时期内的重要活动；②国家或地区大事记，记载全国或一个地区在一定时期内的重大事件；③专题大事记，按照一定专题记载国家或一定地区或一个机关在一定时期内某一方面的重大事件；④个人生平大事记，记载某些重要人物生平的重要活动，通常也称年谱。

（三）编写大事记的要求和方法

编写大事记要求用材真实、观点正确、系统条理、简明扼要。

编写大事记的方法有三种：①将大事先按照时间顺序排列，先排有确切日期的，后排接近准确日期的。日不清者附于月末，月不清者附于年末，年不清者不记。然后简要地表述每条大事涉及的时间、地点、人物、数据及发展过程、因果关系等。②先分若干时期，每一时期内再综合归纳成几个问题。③先分几个大问题，在大问题下再分时期。

（四）大事记的内容

主要由大事记述和大事时间两部分组成，可以根据编写目的、对象、篇幅、年限等因素设置前言、目录、材料出处、注释等。

1. 大事记述

大事记述是大事记的主要组成部分，通过许多重大事件的记述，反映历史发展的概貌和规律。因此，在大事记中，应记录真正的重大事件。

2. 大事时间

大事时间一般要求记载准确日期，力求对每件大事都写明某年、某月、某日，有的还需要写明准确的时、分、秒，某些历史事件，除了写明公元年号外，还应标明其朝代年号。没有注明时间或时间不准确的事件，应进行考证，写明确切时间或接近准确时间；一时搞不清的，查清后补充。

三、组织沿革

组织沿革是系统记载某一机关、地区或专业系统的体制、组织机构和人员编制变革情况的参考材料，它的内容包括地区概况、机关名称改变、地址迁移、成立和撤销或合并的时间、机关的隶属关系、性质和任务、职权范围、领导人员变动、人员编制扩大与缩小以及内部组织机构设置等变化情况。

组织沿革的主要用途是便于人们查考和研究本地区、本机关、本系统的机构和人员发展变化情况；也可为研究国家机关史、地方史、革命史和专业史提供必要的参考材料；它也能为档案馆（室）编写立档单位历史考证提供系统材料，对整理档案、鉴定档案价值和帮助利用者了解立档单位的历史情况都有一定的参考作用。

组织沿革的类型大致有下列几种：①一个机关的，记载一个机关、单位（如党委机关、政府机关、学校、工厂等）及其内部组织机构和人员的演变情况。②一个地区的，记载一定区域内（如省、市、县等）所属党、政、群各级组织的设置和变化情况。③一个专业系统的，记载一定专业系统（如工业、商业、文教卫生系统等）所属组织的设置和变化情况。

四、基础数字汇集

基础数字汇集就是以数字形式，反映一定地区或某一方面的基本情况的参考资料。它实际上也是对原来的各种统计的综合，因此，又称"基本情况统计表"。

（一）基础数字汇集的特点及用途

基础数字汇集具有内容集中方面的用途：①它是掌握情况、研究问题、开展工作的主要参考材料。机关工作人员与科研工作者在制订计划、写总结、作报告、搞科研时，随时可翻阅数字资料。因此，有许多机关把基础数字汇集印成小册子发给领导和有关人员放在身边，以便随时翻阅有关数字资料，利用起来十分方便。②它是对群众进行宣传教育的参考材料。举办展览会、报告会，必须以摆事实、讲道理的方法进行，因而离不开数字。③它是一种历史资料，可供历史研究工作者参考。

（二）基础数字汇集的种类

基础数字汇集的种类有很多。有一个机关、一个工厂、一个学校的；有一个地区、一个系统的；有一年的，也有多年的；有图表式、表格式及文字记述形式的。从内容上进行划分：一种是综合性的基础数字汇集，它是记载某一地区、系统、机关、单位全面情况的，内容广泛、篇幅较大；另一种是专题性的基础数字汇集，它是记载和反映某一方面的基本简况的数字汇集。

第七节　档案的利用

一、档案利用工作概述

档案利用工作就是以利用者为服务对象，以馆（室）藏档案为服务手段，采取多种形式和方法，开发和直接提供档案，为党和国家各项事业服务。它又被称为"档案的利用服务工作""档案利用工作""提供利用"。档案利用工作的基本内容就是介绍和报道馆（室）藏档案的内容和成分，通过各种方式为利用者提供档案和情报信息。

"利用档案"和"档案利用工作"是两个不同的概念。"档案利用工作"是指档案馆（室）为满足利用者的需要而向利用者提供档案为其服务。"利用档案"是指利用者为了研究和解决各种问题来档案馆（室）使用档案。前者是档案部门的事，后者是利用者的事。

二、利用工作在档案工作中的地位

利用工作是档案工作为社会主义事业服务的手段，在档案工作中占有突出的地位。主要表现在两个方面。

（一）利用工作是社会上衡量档案馆（室）工作做得好坏的主要标志

因为利用工作直接与社会发生关系，向各界提供档案，集中体现了档案工作的目的和作用，是档案工作联系社会的一个窗口。所以，利用工作做得好坏，必然影响社会各方面对档案工作的评价。

（二）利用工作对整个档案工作有检验和推动作用

其作用具体表现在：①利用工作的开展，必然向档案工作其他环节提出相应的要求，促进各环节工作的开展；②通过利用工作能够发现其他工作环节的优劣，有利于扬长补短，不断提高管理水平；③做好利用工作，是对档案工作的有效宣传，能够引起社会重视，取得各方面支持。

总之，利用工作是档案工作中最富有活力的一个环节。实践证明，搞好利用工作能够使整个档案工作具有生机；否则，整个档案工作就会死气沉沉。

三、做好利用工作的条件

（一）明确服务方向，坚定服务思想

档案工作的服务性，集中表现在利用工作上，要做好利用工作，首要的是明确正确的服务方向。我国的档案利用工作必须为社会主义物质文明和精神文明建设服务，档案利用工作应在社会主义现代化建设中，全面地为事业服务，档案馆（室）应根据各自的特点和条件，在利用工作中明确具体的服务重点。要做好利用工作，还必须坚定服务思想，有良好的服务态度。这就要求档案工作者必须具有高度的责任感和群众观点，千方百计地为利用者做好服务工作，时时为利用者着想，处处给利用者提供方便。同时，还要解放思想，研究利用工作出现的新情况、新特点，解决利用工作中的新问题，对利用方式、服务手段及工作制度等不断进行改革，以适应新形势的需要。

（二）熟悉档案，了解需要

开展利用工作，要求档案工作者既要熟悉档案馆（室）所存的档案，又要了解外界对档案的利用需要。所谓熟悉档案，主要是指熟悉馆（室）藏档案的内容、成分和数量及存放的位置，熟悉全宗的形成和整理状况及其利用价值，对重点全宗和珍贵档案更应了如指掌。档案工作者只有熟悉档案内

容，才能减少查找档案的盲目性，提高工作效率。了解需要，就是做好利用工作的预测工作。社会各界对档案的需要是多方面的，不同时期、不同任务对档案的需要也是不同的，如果不对客观需要进行调查研究，坐等利用者上门，即使想要主动地开展利用工作，也会因无的放矢而不能取得最好效果。

（三）正确处理利用和保密的关系

国家保存档案的目的是使用，假若长期把档案"禁锢"起来不准使用，就失去了保存档案的意义。应指出的是，档案中有一部分是党和国家机密，提供利用时要注意保守机密，这是关系到党和国家安危的大事，所以，既要积极提供档案为各项工作服务，又要坚持保密原则。保密只是相对地把档案的使用限制在一定的范围之内，并且机密是随着形势的发展和时间、地点、条件的变化而不断变化的。因此，凡是提供利用有利于坚持四项基本原则，促进稳定安全和经济发展，均应积极大胆地提供利用；凡是在一定范围内限制使用的档案，就应严格合理地坚持保密。这就要求我们要认真地审查档案内容、经常调整档案的密级、逐步扩大利用范围，总之，只有处理好保密和利用的关系，才能更好地发挥档案的作用，满足社会各界的需要。

四、档案的利用方式

档案馆（室）提供档案为社会主义事业服务，是通过各种各样的方式进行的。一般方式为在档案馆（室）开辟阅览室，或把原件借出馆（室）外使用；或以档案复制件提供利用。

（一）阅览室

阅览室是供利用者阅览档案和接受咨询的基本场所，是提供档案利用的一种主要的普遍的方式。阅览室服务既便于档案的保护和保密，又能为利用者提供较好的阅览条件。它可以提高档案的周转率和利用率，避免因一人借出而妨碍他人利用；它还可以帮助利用者扩大档案线索，获得更丰富的材料。

（二）外借

档案一般不借出馆外使用，但在特殊情况下，如照顾党政领导或必须使用原件做证时，也可以暂时借出使用。档案的外借使用要有严格的制度，必须经过一定的批准手续，对借出的期限和数量也应有必要的控制，出借档案应认真清点，借用单位要对档案的保密和安全负责，保证按时交回，收回的档案要进行细致检查。

五、制发复制本

根据档案原件制发各种复制本，已成为档案馆（室）提供利用服务的一种重要方式。

档案复制本，可根据利用单位的不同需要，分为副本和摘录两种。副本，反映档案原件的所有组成部分；摘录，只选取文件的某些部分。复制方法大体可分为手抄、打字、印刷及摄影、复印等。

制发档案副本提供利用具有较多的优点：一方面，利用者不到档案馆（室）即可获得所需要的档案，这既方便利用者，又为广泛利用档案创造了物质条件，并可在同一时间内满足较多利用者的需要，使档案更充分地发挥作用。另一方面，用档案复制本提供利用，利于对档案原件的保护。但提供档案复制本也有其局限性，如利用者看不到档案原件，对某些证据的利用率往往有所不足，对印发的档案复制本不易控制，不利于保密。因此，一方面应提高复制技术水平，尽量满足不同的复制利用要求；另一方面，在制发范围和批准权限等方面应妥善处理。

制发档案复制品，可与实际阅览室工作相结合，也可单独规划与组织。一般是档案馆（室）根据自己的设备条件和利用者的要求进行的。首先由利用者提出所要复制核实的对象，并说明用途、复制要求和数量，经过一定的批准手续进行复制。档案复制本必须仔细校对，并在文件余白或背后注明档案馆（室）的名称、档案原件的编号，必要时，加盖公章，以示负责。

六、展览

档案展览是根据某种需要，按照一定的主题，系统地陈列档案，是提供利用的一种方式。

档案展览的主要特点和作用是：档案展览本身就是现场提供档案信息，利用者可以从中得到较为集中和系统的材料，甚至发现从未见过和难以找到的珍贵材料及线索；能在一定范围内组织较多的观众参观，服务面比较广泛；经过选择和组织展出的典型材料，能以档案的原始性、真实性和形象鲜明见长，给观众留下深刻的印象，起到生动的宣传教育作用；档案展览可显示档案内容的丰富及其特殊的作用，引起人们对档案的注意和利用的兴趣，从而也宣传了档案工作的意义。

举办档案展览是一项严肃的任务，它的政治性和思想性较强，又是具有科学性和艺术性的工作，因此必须认真细致地进行组织。选好展出的主题是组织好档案展览的关键，所以首先要明确举办展览的目的，确定题目及展出档案的内容和范围。展览的内容是根据举办的目的和档案馆（室）所保存档案的情况决定的，为了保证展览内容的思想性和科学性，最好事先拟出详细的展出计划和展出档案的提纲，提请有关领导批准。

档案展览，应当注意档案的保护和保密。档案展品一般应用复制品；必须展出原件时，应陈列在有保护措施的陈列柜内，时间不宜过长。凡需保密不能公开的档案不能展出；需要展出时，须经领导批准。

七、制发档案证明

档案证明是档案馆（室）应利用者的申请，根据馆（室）藏档案中的记载而制发的书面证明材料。机关和个人为了处理和解决某个问题，往往需要档案馆（室）出具档案证明，如公安、法院、检察、司法机关需要审理案件的证明材料，个人需要有关工龄、学历和财产方面的证明材料，等等。因此，制发档案证明是档案馆（室）提供档案服务的一种方式。

制发档案证明是一项政治性很强的工作，对申请书的审查和档案证明的查找与编写，都必须严肃认真地对待。档案证明必须根据机关、团体或个人的申请才能制发。申请书须写明申请使用档案证明的目的、所要证明的事项及其发生的时间、地点等情况，以便于对申请书的审查及证明材料的查找与编写。档案证明应根据档案正本或可靠的抄本来编写，只有在没有正本或可靠抄本的情况下，才根据草案、草稿来编写，并在证明上加以说明。无论根据什么材料编写，都要在档案证明上注明材料出处和根据。档案证明的文字要确切明了，内容范围要限定，不能超出申请证明的问题而列入其他材料。

编写档案证明时，以引述或节录档案原文为主要方法，如果必须由档案工作者根据档案内容综合或摘要叙述时，务必保证表述的准确性和真实性。书写档案证明时，工作人员不能擅自对材料进行解释；否则，证明材料就会失去真实性，不能起到凭证作用。当发现档案材料互相矛盾时，应将几种不同的材料同时列入档案证明中，以供使用者分析研究。对于某些名词、术语或事件，可做必要的注释和说明。

在档案证明中，还应写明档案证明接受者（申请者）及制发档案证明的档案馆（室）名称和证明制发日期。档案证明必须经认真校对、审查批准后，加盖档案馆（室）或机关公章发出。

八、参考咨询

参考咨询工作是档案馆（室）以档案为根据，通过个别解答问题向利用者提供档案的有关情况和检索途径的一种服务方式。

咨询工作的一般步骤是接受咨询、查找档案材料、答复咨询问题、建立咨询档案。

（一）接受咨询

利用者提出问题后，应首先审明咨询的目的、内容、范围和要求。咨询的内容，有一般咨询和专门性咨询，有事实性咨询和知识性咨询，有专题研究性咨询和情报性咨询。如果利用者提出的问题较简单，有把握的则立即回答，或借助于检索工具和有关材料短时间内予以解决；问题比较复杂和困难的，研究后再予以答复。接待咨询要热情认真，解答要翔实。利用者当面或电话咨询，凡不能即时解答的，或让利用者稍候，或另约时间，都应从便于利用者考虑，使之节时省事而又获得满意的结果。必须指出的是，不是所提问题都要处理、解答，如咨询问题的内容已超出业务范围或应由其他机关单位办理的、涉及党和国家机密的、属于家庭与个人方面不宜公开的问题等，可以说明情况，谢绝回答。

（二）查找档案材料

根据利用者提出的咨询问题，深入分析研究，确定查找范围，选定检索工具，明确检索途径和方法，查找有关的档案材料。

（三）答复咨询问题

经过一系列的工作，找到利用者所需要的档案材料后，即可回答咨询问题。回答咨询的方式，视其具体情况，分别采取直接提供答案、提供档案复制本、介绍有关查找线索等途径。提供档案材料时，要注明档案材料的出处，包括作者、文种、形成时间、档号（全宗号、目录号、案卷号、页号）。若档案中对同一事实有不同记载，要全部提供给利用者，由他们分析判断、决定取舍。

（四）建立咨询档案

对回答的咨询问题，应有目的地建立咨询档案。凡是重要的有长远参考价值的，或者可能重复出现与解答不了的咨询问题，都应做完整的记录，包括各种原始记录、解答咨询的过程、最后结果等。咨询档案对于全面掌握咨询情况、总结经验、改进工作、探索规律都是一种有参考价值的材料，应该持久地连续积累和发挥它的效益。

第四章　档案管理工作中的信息化技术应用

现代档案管理与传统档案管理之间本质的区别在于管理理念和技术手段的不同，现代档案管理主要是通过采用现代先进技术与设备和掌握先进技术知识的人员实施档案管理和提供档案的利用服务。这里总结了档案从业人员在开展现代档案管理工作过程中所需要了解和学习的信息技术基础知识。

第一节　计算机基础知识

计算机是一种高速运算、具有内部存储能力、由程序控制操作过程的自动电子装置。它能够快速、高效地对各种程序化的工作和信息进行存储和处理，快速、准确、记忆、逻辑、通用、自动和连续性是采用计算机进行自动化处理的主要特点。

一、计算机硬件系统

计算机的硬件系统主要由运算器、控制器、存储器、输入设备、输出设备五大部分组成。计算机硬件设备又可分为主机和外部设备两大部分。主机包括CPU（中央处理器）、存储器、外设接口、主板、扩展卡、主机电源等。其中CPU是计算机的核心，是衡量计算机档次的一个重要标志，它的性能在很大程度上决定了整个计算机的运行能力。

外部设备就是利用电缆线与主板相连的设备，简称"外设"。按用途可分为输入设备、输出设备和网络连接设备。输入设备主要有键盘、鼠标、扫描仪等；输出设备主要有显示器、打印机等；网卡、调制解调器、网线等网络连接设备是实现计算机与网络连接的主要设施。

二、计算机软件系统

要使计算机充分发挥其效能，除了要有好的硬件系统外，还要有能使其发挥作用的软件系统。硬件就像计算机的躯体，软件则是计算机系统的灵魂，安装在计算机上的所有软件系统和程序使得计算机硬件具有了类似于人的"大脑"的功能，只有软硬件结合才是完整的计算机系统。计算机软件系统主要包括系统软件和应用软件两大类。

系统软件用于计算机系统内部的管理、维护、控制和运行，以及计算机程序的翻译、装入、编辑、控制和运行，如操作系统（Unix、Windows、Linux等）及各种I/O设备的驱动程序等。

应用软件是为某种应用或解决某类问题所编制的应用程序。从使用计算机的用户角度而言，应用软件又可以分为面向程序开发人员、面向网络管理人员和面向最终用户的软件。Visual Studio、NET、J2E、Power Builder等软件开发平台以及数据库开发工具是基于操作系统而提供给软件工程师们的基础工具；网络管理系统、电子邮件管理系统、数据库管理系统以及各种服务器和存储设备等管理软件是提供给网络管理人员使用的工具；Office、管理信息系统等办公自动化和面向终端客户的应用软件是业务人员通常使用的应用程序。

档案业务工作者和网络与系统管理人员主要使用的软件系统有数据库管理系统（如FoxPro、Microsoft Access等桌面数据库和Oracle、SQL Server等大型的关系型数据库管理系统）以及档案管理信息系统等。档案管理信息系统分为单机版和网络版两类，网络版又分为客户端/服务器（Client/server，C/S）和浏览器/服务器（Browse/Server，B/S）两种运行模式。通常情况下，档案管理信息系统的实现会采用两种模式的混合使用，档案馆内部管理采用C/S运行模式，档案的查询和远程提交采用B/S运行模式。

三、计算机日常维护

日常维护是确保计算机正常工作和延长计算机使用寿命的基本工作，但往往被计算机的操作人员所忽视。

（一）计算机使用环境要求

作为一种精密的电子产品，计算机对使用环境有一些特殊的要求：①环境温度，微型计算机的室温应控制在15℃～35℃之间；②环境湿度，计算机使用环境的相对湿度应在20%～80%之间；③洁净要求，应保护计算机房的清洁。在机房内一般应备有除尘设备，在计算机系统日常的运行中要注意保持环境的清洁卫生，对于停止使用的计算机应及时加盖防尘罩；④电源要求，为防止突然断电对计算机工作的影响，主机房应配备不间断电源（UPS），这样在断电后计算机能继续工作一段时间，使得网络和系统管理人员能够在断电的情况下完成正在进行的数据处理和备份等工作，进行服务器和重要设备的正常关机；⑤防止干扰，计算机内部都是很精密的电子元件，对静电和电磁辐射都很敏感。如果长期工作在有较强静电或者电磁辐射的环境里，元件很容易老化而出问题。因此，在大楼布线和主机房装修时常常采用一些防电磁辐射和抗干扰的技术和措施，如实施屏蔽系统、建立起点到终点的连续的屏蔽路径等都是经常采用的技术措施。

（二）计算机常规维护

使用和管理计算机应经常对其进行维护，以延长计算机的使用寿命，降低故障发生率。

1. 清除机箱内的灰尘

清除灰尘最简单的方法是用"洗耳球"吹，切忌用嘴去吹机箱中的灰尘，因嘴吹出的气体里面含有大量的水分，容易让主板等上面的电子元件短路。使用"洗耳球"清除灰尘之前，可以考虑先用台扇吹去大部分灰尘，然后用"洗耳球"清除细微部分的灰尘。

2. 键盘维护

使用键盘时，按键应用力适中，不要猛击猛打，按键后，应立即松开；不要在键盘上放置书本等重物，以防按键变形；使用时不能把水滴到键盘上，否则键盘内部会短路；使用完后，要将键盘用布或键盘套盖好，防止灰尘或其他杂质进入。

3. 鼠标维护

使用鼠标时，移动要轻柔，不要用力在桌面上或反射板上按压。按键用力要适中，不要猛击猛打。光电鼠标需要使用鼠标垫以方便操作。

4. 显示器保养

显示器表面有静电，会吸附灰尘，日久天长，显示器表面会出现一些污垢，应经常清除这些污垢保持显示器的清洁。不用时应使用防尘套把显示器罩上，避免沾上更多的灰尘。

第二节　网络基础知识

网络就是把分布在不同地理区域的计算机、服务器、存储器和专门的外部设备用通信线路连在一起，形成一个能够提供信息交流的通信平台。一个简单的网络中至少有两台以上计算机通过 Hub 连接起来。

一、网络的功能

计算机网络及其服务提供的主要功能有信息传输、信息处理、资源共享、负载均衡与分布处理以及综合信息服务等。

1. 信息传输与信息处理

信息传输是指计算机网络中的客户机与客户机之间、客户机与服务器之间通过通信线路相互传输信息；信息处理是指客户机信息通过网络传送到服务器中，由服务器集中处理后再回送到客户机。

2. 资源共享

对连入计算机网络中的计算机系统而言，通过获得一定的使用权限，彼此之间可以互相利用对方系统中的数据资源、硬件资源和软件资源，实现网络环境中的资源共享。

3. 负载均衡与分布处理

负载均衡同样是网络的一大特长。例如，一个大型 ICP（Internet 内容提供商）为了支持更多的用户访问他的网站，在全世界多个地方放置了相同内容的 WWW 服务器，通过一定的技术支持使不同地域的用户能看到放置在离他最近的服务器上的相同页面，这样可以实现各服务器间的负载均衡，同时用户也节省了时间。

4. 综合信息服务

信息的多维化、集成化是网络的发展趋势，网络中的信息资源包括来自政治、经济、文化等各方面的资源，还有图像、语音、动画等多媒体信息。网络的应用和提供服务的形式也将趋于多元化，电子邮件、网上交易、视频点播、联机会议等都是网络应用的多种方式。利用网络提供信息的综合服务也已经成为现实。

二、网络的类型

计算机网络的类型有很多，而且有不同的分类方式。按交换技术可把网络分为线路交换网、分组交换网；按传输技术可分为广播网、非广播多路访问网、点到点网；按拓扑结构可分为总线型、星型、环型、树型、全网状和部分网状网络；按传输介质又可分为同轴电缆、双绞线、光纤或卫星等所连成的网络。这里简单按网络分布规模来划分网络，即局域网、城域网、广域网。

（一）局域网（Local Area Network，LAN）

局域网是将小区域范围内的各种数据通信设备互联在一起，并为这些设备配上高层协议和网络软件，以高速的数据传输速率互相通信的一种数据通信系统。所谓小区域是指几个办公室、一个建筑物、一个校园或大至几千米的一个区域；数据通信设备则是广义的，包括计算机、终端、各种外围设备等，数据通信设备有时也称为站或站点。

目前常见的局域网类型包括以太网（Ethernet）、令牌环网（Token Ring）、光纤分布式数据接口（FDDI）、异步传输模式（ATM）等，它们在拓扑结构、传输介质、传输速率、数据格式等方面都有许多不同。其中应用最广泛的当属以太网——一种总线结构的 IAN，是目前发展最迅速也是最经济的局域网。

当前档案馆内部各部门建立的互联网络采用的就是局域网的连接方式。

（二）城域网（Metropolitan Area Network，MAN）

城域网是指地理覆盖范围在 5 千米至 100 千米以内，以高的传输速率充分支持数据、声音和图像综合业务传输的一种通信网信。它以光纤为主要传输媒体，其传输率为 100MB/S 或更高。

城域网是城市通信的主干网，它充当不同局域网之间通信的桥梁，并向外连入广域网。城域网提供高速综合业务服务，它一般采用简单、规则的网络拓扑结构和有效的媒体访问方法，避免复杂的路由选择和流量控制，以实现高传输率和低差错率。城域网还允许灵活的网络结构和增减站点。

（三）广域网（Wide Area Network，WAN）

广域网是将地域分布十分广泛的局域网或城域网连接起来的网络系统。它分布的距离广阔，可以横跨多地区、多家乃至全世界，Internet 就是典型的广域网。

数字档案馆的建设涉及广域网、城域网技术的广泛应用。

三、网络拓扑结构

根据计算机网络系统中的硬件连接形式，计算机网络的拓扑结构可分为总线、星状、星状总线、环状和网状等几种类型。

（一）总线结构

通过一根数据通信总线将计算机及其他设备连接在一起，而任意两台计算机之间不再有任何连接，即所有的计算机共用一根总线，这样连接而构成的计算机网络就称为总线网络。在总线结构中，所有网上微机都通过相应的硬件接口直接连在总线上，任何一个结点的信息都可以沿着总线向两个方向传输扩散，并且能被总线中任何一个结点所接收。由于其信息向四周传播，类似于广播电台，故总线网络也被称为广播式网络。

（二）星状结构

星型布局是以中央结点为中心与各结点连接而组成的，各结点与中央结点通过点与点的方式连接，中央结点执行集中式通信控制策略，因此中央结点相当复杂，负担也重。以星型拓扑结构组网，其中任何两个站点要进行通信都要经过中央结点控制。中央结点的主要功能有：为需要通信的设备建立物理连接，在两台设备通信过程中维持这一通路；在完成通信或不成功时拆除通道。在星状网络中，如果某台计算机与中间设备的连接出现问题，仅影响该计算机的数据收发，整个网络仍能正常工作；但如果中间设备出现故障，则整个网络将瘫痪。

（三）星状总线结构

星状总线结构是总线拓扑和星状拓扑的结合体。在星状总线结构中，当某台计算机出现故障，则不会影响到网络中的其他计算机。但如果某个中间设备出现故障，则所有与该中间设备连接的计算机都不能使用网络，并且网络中的其他计算机也不能与这些计算机进行通信。

（四）环状结构

环形网中，各结点通过环路接口连接在一条首尾相连的闭合环形通信线路中，环路上的任何结点均可以请求发送信息。环状结构的网络中，每台计算机不仅能接收信号，而且能把接收到的信号放大后传给下一台计算机。由于环线公用，一个结点发出的信息必须穿越环线中所有的环路接口，信息流中目的地址与环线上某个结点的地址相符时，信息被该结点的环路接口所接收，而后信息继续流向下一个环路接口，一直流回到发送该信息的环路接口结点为止。信息在环路中总是沿固定方向单向流动，两台计算机之间只有唯一的通路，故路径的选择和控制都非常简单。并且在网络中的每台计算机都具有平等的访问机会，一台计算机发生故障，整个网络将不能正常传送信息。

（五）网状结构

在网状结构中，每台计算机与其他计算机之间都由一条以上的直接连线相连。网状结构是容错能力最强的网络拓扑结构。在网状结构的网络中，如果某一台计算机发生故障，网络的其他部分仍然可以运行；如果某一段线缆发生故障，可以通过其他计算机或线路到达目的计算机。

四、网络连接设备

常用的网络设备有网络接口卡、中继器和集线器、网桥和以太网交换机、路由器和网关、调制解调器。

（一）网络接口卡

网络接口卡（网卡），又叫网络适配器。网卡是插在计算机总线槽内或某个外部接口上的扩展卡。它与网络程序配合工作，负责将要传送的数据转换为网上设备能够识别的格式，通过网络介质传输，或从网络介质接收信息，转换成网络程序能够识别的格式，提交给网络操作系统。有的计算机主板上可能有集成的网络接口。

（二）中继器和集线器

1. 中继器

由于传输介质存在电阻、电容和电感，当信号在电缆上传输时，信号的强度会逐渐减弱，信号的波形也会逐渐畸变。如果网络延伸的距离超出了限制，就需要使用中继器来对信号进行放大，使信号能够传输更远而不会衰减到无法读取的程度。

2. 集线器

集线器是对网络进行集中管理的最小单元。用集线器构成的网络是一个星型拓扑结构的网络，集线器是网络的中心节点。从本质上来说，集线器是一个多端口的中继器。

（三）网桥和以太网交换机

1. 网桥

网桥是多个网段的连接设备，也是网络分隔设备。它能将两个（或多个）物理网络（段）连接成一个逻辑网络，使这个逻辑网络的行为从网络层看起来像一个单独的物理网络一样，也可以将一个较大的 LAN 分割为多个网段，或将两个以上的 LAN 互联为一个逻辑 LAN。无论哪种情况，LAN 上的所有用户都可以访问服务器。

网桥监听所有流经它所连接的网段的数据帧，并检查每个数据帧中的MAC 地址，依此决定是否将数据帧发往其他网段。网桥还可以是一个存储转发设备，具有对数据帧进行缓冲的能力。

2. 以太网交换机

以太网交换机提供桥接能力，具有在现存网络上增加带宽的功能。近年来人们逐渐采用一种叫作以太网交换机的设备来取代网桥和路由器对网络实施网段分割。交换机既能解决网络分段问题，又能解决分段带来的网络主干拥挤问题。采用以太网交换机作为中央连接设备的以太网，称为交换式以太网。

（四）路由器

路由器是互联网的主要节点设备，是不同网络之间相互连接的接口和导航设备。一个路由器有多个网络接口，分别可以连接一个网络或另一个路由器，能够连接相邻或远距离的网络，能够连接截然不同的网络，并通过隔离网络的一部分来防止网络瓶颈的产生，保护网络免受入侵。路由器是在OSI 模型的网络层连接多个 LAN，具有内置的智能化功能，指导数据包流向特定的网络，可以研究网络流量并快速适应在网络中检测到的变化，能够有效地指导数据包从一个网络传输到另一个网络，减少过度的流量。

（五）网关

网关是网络层以上的互联设备的总称，是实现互联、互通和应用互操作的基础设施。

通常多用来连接专用系统，常见的网关有两种：协议网关和安全网关。网关是一种概念，或是一种功能的抽象。网关的范围很宽，在 TCP/IP 网络中，网关有时所指的就是路由器；而在 MHS 系统中，为实现 CCITTX.400

和 SMTPL 简单邮件运输协议间的互操作，也有网关的概念。SMTP 是 TCP/IP 环境中使用的电子邮件，其标准为 RFC-822，而符合国际标准的 CCITTX.400 发展较晚，但受到以欧洲为先锋的世界范围内的广泛支持。为将两种系统互联，TCP/IP 标准制定团体专门定义了 X.400 和 RFC-822 之间的变换标准 RFC987 以及 RFC1148。实现上述变换标准的设施也被称为网关。

（六）调制解调器

调制解调器是一种把传输的数字信号调制到载波上，或从载波上把数字信号分离出来的设备。多数调制解调器用于笔记本电脑，主要通过电话线实现拨号上网。

五、网络管理系统

计算机网络管理系统包括网络操作系统及网络应用服务系统等基础管理平台。网络操作系统除了应具有单机操作系统的功能外，还应具有网络管理功能，包括网络通信功能、网络范围内的资源管理功能和网络服务功能等。

网络管理软件的主要功能包括：对网络线路及连接设备的管理（网络部署），对网络活动的检测、控制与维护（网络控制），对网络访问及数据传输的安全管理（安全管理）。

狭义的网络管理系统指网管系统，是保障网络正常运行和合理使用的辅助工具。广义的网络管理系统不仅包括网络正常运行、资源合理利用、杜绝入侵破坏、优化信息利用和对节点行为进行合法性控制，而且包括对服务器、存储器等物理设备的安全监控和合法使用。在选择网络管理软件系统时，主要根据本单位业务需要、网络规模大小、资金等情况来考虑选取哪个厂家的软件系统。另外，还需要根据当前的业务发展与管理需要配置一些应用性管理工具或网络行为管理软件，以加强网络管理的功能。

六、网络服务器

服务器系统由一台或多台服务器构成，以满足各种业务的网络服务的需求。服务器是网络环境中为客户机提供各种服务的特殊的专用计算机集群系统。在网络中，服务器承担着数据的存储、转发、发布等关键任务。根据服务器所提供的资源不同，可以把服务器分为文件服务器、打印服务器、应用系统服务器和通信系统服务器等。在规划和设计网络服务器系统时，应根据网络所需要提供的服务功能来确定服务器的功能、数量、性能、连接与工作方式及所采用的操作系统等。

在实际应用中，为了充分发挥服务器的性能和潜力及节省开支，往往可将两种或两种以上的服务器合二为一，使一台服务器具有多台服务器的功能。尤其是在资金有限、用户数量不多的档案馆内部比较实用，如 Web 服务和邮件服务共用一台服务器，文件服务和数据服务共用一台服务器等。

第三节　软件工程基础知识

在档案信息化应用系统建设的过程中，离不开软件系统的支持，而软件系统的实现和运行离不开软件工程方法学的应用和指导。

一、软件与软件系统

软件是指与计算机操作有关的程序、规程、规则以及与之有关的文件。软件包括程序和文档两部分。程序是指适合于计算机处理的指令序列以及所处理的数据；文档是与软件开发、维护和使用有关的文字材料。结合各种业务工作的开展，通过编写程序将各种业务工作在计算机上实现模拟、互联和运行，并能够支持业务人员使用计算机来开展业务工作的系统称为软件系统。如支持档案办公人员开展网上办公的自动化系统、支持档案业务工作者实现档案信息管理和共享的档案管理信息系统等，都是软件系统。

判断一个软件系统的好坏没有绝对的标准，最主要的是看该软件系统能否真正被用户使用起来，能否辅助用户完成业务工作的开展，能否提高工作效率，能否提升管理水平，能否通过计算机的自动化处理将业务工作者从复杂的、重复的手工劳动中解脱出来。下面给出一些定性准则，以帮助软件系统使用者理解和判断软件系统的功效。

（一）正确性

正确性是指软件符合规定的需求程度。正确的软件具备且仅具备软件"规格说明"中所列举的全部功能，能够在预期的环境下完成规定的工作。但是，软件运行的背景条件正确与否，不属于软件正确性考核的范畴。

（二）可靠性

可靠性是指在规定的条件和时间内软件不引起系统失效的概率，主要取决于正确性和健壮性两个方面。健壮性是指系统一旦遇到意外时能按照某种预定的方式做出适当处理，从而避免出现灾难性的后果。可靠的软件在正常情况下能够正常工作，在意外情况下亦能适当地处理，使软件故障可能导致的损失最小。

（三）简明性

简明性是指要求软件简明易读，它和软件设计语言的表达能力以及软件设计风格有关。好的软件设计风格有助于软件达到简明性要求。

（四）有效性

有效性是指软件的时间效率和空间效率要高。随着计算机硬件的快速发展，对于一般软件而言，有效性已不成问题，然而对于一些特殊的软件，仍是必须认真考虑的。

（五）可维护性

可维护性是指软件能够修改和升级的容易程度。目前它已经成为越来越重要的软件开发准则。好的可维护性要求软件有好的可读性、可修改性和可测试性。

（六）适应性

适应性是指软件使不同的系统约束条件和用户需求得到满足的容易程度。它要求软件尽可能地适应各种硬、软件运行环境，以便软件的推广和移植。

对于不同用户和不同软件系统而言，使用上述准则进行判断的优先次序也是各不相同的，主要取决于用户当前要解决的主要问题。

二、软件开发

软件开发是一个把用户需要转化为软件需求，把软件需求转化为软件设计，用软件代码来实现软件设计，对软件代码进行测试，并签署确认它可以投入运行使用的过程。在这个过程中的每一阶段，都包含有相应的文档编制工作。

在软件开发过程中，一个普遍的问题是，不重视作为软件的一个重要组成部分的文档编制工作。常常有人认为，软件项目成功的标志是交出能够正确运行的程序，文档可有可无，如果一定需要，也只是在完成程序之后再补上。这种仅仅为了交差才补写的文档往往和实际开发的程序存在很大差距，难以发挥其应有的作用。符合要求、规范化的文档在软件开发中的作用就如同零件图纸在产品开发中的作用一样，起着表达思想、传递信息的重要作用，是保证软件开发质量、提高软件可维护性、可靠性和可生产性的重要保障。

三、软件工程

软件工程定义了软件的开发过程，主要包括规划、分析、设计、编码、测试和维护等几个阶段。

（一）规划

规划就是对所要解决的问题进行总体定义，包括了解用户的要求及现实环境，从技术、经济和社会因素三个方面研究并论证软件项目的可行性。进而按照编写的可行性研究报告，探讨解决问题的方案，对可供使用的资源成本、可取得的效益和开发进度做出估计，制订完成开发任务的实施计划。

（二）分析

软件分析指软件需求分析，就是回答做什么的问题。它是一个对用户需求进行去粗取精、去伪存真、正确理解，然后把它用软件工程开发语言表达出来的过程。软件分析阶段的基本任务是与用户一起确定要解决的问题，建立软件的逻辑模型，编写需求规格说明书文档并最终得到用户认可。需求分析的主要方法有结构化分析、数据流程图和数据字典等方法。

（三）设计

设计阶段的工作是根据需求说明书的要求，设计建立相应软件系统的体系结构，并将整个系统分解成若干个子系统或模块，定义子系统或模块间的接口关系，对各子系统进行具体设计定义，编写软件概要设计和详细设计说明书、数据库或数据结构设计说明书、组装测试计划。

软件设计可以分为概要设计和详细设计两个阶段。实际上，软件设计的主要任务就是将软件分解成模块，然后进行模块设计。概要设计就是结构设计，其主要目标就是给出软件的模块结构，用软件结构图表示出来。详细设计的首要任务是设计模块的程序流程、算法和数据结构，次要任务是设计数据库，常用方法还是结构化程序设计方法。

模块是指能实现某个功能的数据和程序说明、可执行程序的程序单元，可以是一个函数、过程、子程序、一段带有程序说明的独立的程序和数据，也可以是可组合、可分解和可更换的功能单元。

（四）编码

软件编码是指把软件设计转换成计算机可以接受的程序，即写成以某一程序设计语言表示的"源程序清单"。充分了解软件开发语言、工具的特性和编程风格，有助于开发工具的选择以及保证软件产品的开发质量。

（五）测试

软件测试的目的是以较小的代价发现尽可能多的错误，实现这个目标的关键在于设计一套出色的测试用例。如何才能设计出一套出色的测试用例，关键在于理解测试方法。两种常用的测试方法是白盒法和黑盒法。

白盒法的测试对象是源程序，依据程序内部的逻辑结构来发现软件的编程错误、结构错误和数据错误。结构错误包括逻辑、数据流、初始化等错误。白盒法用例设计的关键是以较少的用例覆盖尽可能多的内部程序逻辑结果。

黑盒法依据软件功能或软件行为描述来发现软件的接口、功能和结构错误。其中接口错误包括内部/外部接口、资源管理、集成化以及系统错误。黑盒法用例设计的关键同样也是以较少的用例覆盖输出和输入接口。

（六）维护

维护是指在已完成对软件的研制工作并交付使用以后，对软件产品所进行的一些软件维护活动。维护就是根据软件运行的情况对软件进行适当修改，以适应新的要求，纠正运行中发现的错误，编写软件问题报告、软件修改报告。

一个中等规模的软件，如果研制阶段需要一年至二年的时间，在它投入使用以后，其运行或工作时间可能持续五年至十年，那么它的维护阶段也是运行的这五年至十年。

做好软件维护工作，不仅能排除障碍，使软件正常工作，还可以使它扩展功能，提高性能，为用户带来明显的经济效益。

在实际开发过程中，软件开发并非从第一步进行到最后一步，而是在任何阶段，在进入下一阶段前一般都有一步或几步的回溯。在测试过程中出现的问题可能要求修改设计，用户可能会提出修改需求说明书等问题。

第四节　管理信息系统基础知识

管理信息系统是管理学科发展的一个重要领域，也是现代化管理与软件工程相结合的软件产物。管理信息系统的广泛使用对国民经济的发展、企事业单位的有效运行有着极为重要的作用和意义。档案管理信息系统是现代档案管理的重要支撑技术和实现档案工作现代化管理的重要手段。

一、信息

信息是知识经济时代普遍存在和应用最广泛的概念。从信息系统的角度来看，信息是经过加工后有特定用途的数据，是关于客观事实的可通信的知识。信息具有事实性和可传递性，从而衍生出共享性、扩散性、时效性、可压缩性和等级性。

（一）信息具有事实性

信息来源于数据，又不等同于数据，数据经过处理仍然是数据，只有经过解释的数据才能成为信息。信息是形成知识的基础，人们通过各种分析和统计模型得到反映客观事物正确的信息，构成知识的一部分。对数据、信息和知识的处理有着不同的层次。信息系统处理数据，人处理信息和知识。

（二）信息具有可传递性

信息是可通信的，是建立事物之间关系的基础。由于人们通过感觉获得的信息是极为有限的，大量信息需要通过信息的传输工具获得，信息系统能够充当这种传输工具。

（三）信息具有共享性

信息可以通过传递让许多人共享。信息也可以交换，它的交换具有叠加性。因此，信息交换的结果使信息实现共享。

（四）信息具有扩散性

扩散是信息的本质，信息通过多种渠道向各个方向扩散。信息的密度越高，扩散的速度越快，扩散的面也越宽。

（五）信息具有时效性

从发送信息的角度来看，从收集、加工、传递到利用都存在时间间隔，如果间隔时间太长，获得的信息可能已经失去作用。

（六）信息具有可压缩性

通过对信息的压缩，排除其中的冗余信息，可以提高信息存储容量、传输速度和利用效率。

（七）信息具有等级性

由于管理分等级，不同等级的管理要求获取不同的信息，所以，信息也是分等级的。管理一般分为高、中、低三级，信息相应地也就分为战略级、管理控制级和执行级。

二、系统

系统是在一定环境中相互联系和相互作用的若干部分组成的具有某种功能的集合。一个系统内可能包含许多功能各异的子系统，这就意味着系统可以具有多层结构，一个系统的整体功能往往大于单个子系统的功能之和。"系统"这一术语被广泛使用，如城市的交通管理系统、人体的神经系统、硬件系统、软件系统等。系统往往包含了管理体制、运行机制、标准规范、数据处理、业务活动和人等各方面内容。

三、信息系统

信息系统是能够收集、处理、储存和分配信息，用以支持组织或个人开展工作、管理、控制和决策等一系列活动的系统。信息系统管理的对象是信息，随着信息技术的发展，各种类型的信息系统脱颖而出，如管理信息系统、计算机集成制造系统、决策支持系统、知识管理系统等，这些都是我们熟悉的计算机软件信息系统。

四、管理信息系统

管理信息系统（Management Information System，MIS）是一个人机交互的综合系统，以计算机为依托，以业务活动为主体，以信息为管理对象，是一个能够支持人们开展各项业务活动和执行各项职能的系统化和集成化的软件系统。广义的 MIS 系统不仅能实现一般的事务处理，以降低管理人员的手工劳动强度；而且能够通过对数据进行处理、管理、分析和统计，为组织和领导提供辅助决策信息，为管理决策的科学化提供基本依据。

从信息管理的角度来看，管理信息系统对数据的处理主要包括数据采集、数据处理、数据维护、数据利用等过程；从业务的角度来看，管理信息系统能够根据各行各业业务活动的不同而支持工作人员开展各项工作，使人们能够对工作过程中产生的各种数据和信息进行全面的管理与分析，进一步提高管理水平，优化业务流程，将现代管理思想和方法融入具体业务工作中。

因此，构成管理信息系统的四大要素是人、业务、数据和现代信息技术。现代信息技术是基础；业务是支柱，业务工作中融入了现代管理理念，业务流程决定了管理信息系统的功能框架；数据是需要管理和处理的对象；人是能够实现、理解和正确使用管理信息系统的主体。

五、档案管理信息系统

档案管理信息系统（Archive Management Information System，AMIS）是以现代信息技术为支撑、以档案信息为管理对象、以档案工作为核心的一套综合性软件系统，它是辅助档案管理人员开展现代档案管理工作的软件系统，是实现现代化档案管理和提供档案方便利用的基本系统，也是开展档案信息化工作之初，首先接触的面向档案管理业务的应用软件系统。现代档案业务模式的变化和职能的拓展，对管理信息系统的设计与实现提出了很多新的要求。

（一）档案工作者使用 AMIS 理念的变革

档案信息化促进了档案管理的变革过程，它包括档案内容的信息化、管理方法的信息化、工作模式的信息化、工作目的的信息化。档案内容的信息化就是档案的数字化过程；档案管理方法的信息化就是将现代管理思想、方法和手段运用到档案工作中；档案工作模式的信息化就是借助现代信息技术提高工作效率，加强科学管理；档案工作目的的信息化就是要充分体现和适应档案资源的历史性、知识性和文化性，把工作目的转变为充分挖掘档案资源，最大限度地体现档案的价值，发挥档案的社会效益。档案工作者需要在这样一个全新的应用理念的指导下设计、实现和使用档案管理信息系统。

（二）系统设计方案的广泛适用性

网络环境下，档案管理信息系统的概念已经不再是一个简单的Access、FoxPro 或者 Excel 单机文件的概念，也不是就档案而管理档案的简单的局域网运行系统，它是一个跨地域、跨平台、跨系统集成运行、统一管理、分布式数据存储的广域网环境下的全新模式的应用系统。在系统设计和实现方面具有更高的要求，主要包括以下特点。

1. 支持多类型用户的访问

无论是局域网（内网）、专用网（专网）或互联网（外网）上的各类用户，都可以采用客户服务器（Client/Server）、浏览服务器（Browser/Server）两种系统运行模式来实现对系统数据和信息的访问，方便用户的使用。

2. 灵活可配置性特点

系统采用"软总线"设计思路，实现即插即用软件功能的灵活配置，既保证了系统的灵活可摘挂性，又增强了系统的可扩充性。

3. 应用环境的广泛适应性

系统通过提供 C/S 和 B/S 两种访问模式，可以适应不同的应用环境，无论是在单机环境下，还是在局域网与广域网环境下都可以安装运行。

4. 档案数据库结构的灵活构建

不同的档案馆的档案分类方法有所区别，其档案信息的元数据格式和名称也不完全相同，系统提供灵活的能够根据用户实际需求构建档案信息数据库的功能，并实现对存储在数据库中的数据的灵活访问和统一管理。

5. 数据级的用户权限管理特点

根据档案业务管理岗位的不同和档案利用者检索利用范围的不同，建立多用户权限管理机制，使不同的用户只能看到或操作其权限范围内的档案数据和系统信息。

6. 跨库检索

系统除了能够实现分类检索功能外，还能够提供跨库检索功能，即当用户不确定所需要检索的信息存放在哪个数据库中时，可以采用系统提供的跨库检索功能，方便地找到相关信息。

7. 个性化功能的扩展

能够根据各档案馆业务的个性化要求和未来业务扩展的需要集成后开发个性化功能模块。

8. 功能组件的动态扩展

支持组件级的功能扩展，随着系统实施范围的扩大，扩展 AMIS 的基本功能组件，并不断积累典型档案馆的应用原型，为同类档案馆的实施提供参考模型。

（三）基于服务机制的 AMIS 设计案例

基于服务机制设计的 AMIS 的案例，将系统的实现划分为多个基础服务层。这种设计架构充分体现了档案管理"主动服务、一体化管理"的全新理念，系统以"软总线"的新型模式实现即插即用、灵活配置、动态扩充的功能；对访问的客户端也将根据用户所在网络区域的不同而区别对待。

1. 网络服务

网络服务主要提供网络传输、网络管理、系统管理等基本运行环境的基础服务，主要方式是购买商品化软硬件产品进行安装、调式、实施和策略配置。

2. 数据服务

数据服务包括对文件、目录、数据库和数据仓库等多种存储模式的档案数据的集成化管理和用户化设置等，其内容和功能取决于系统应用单位的业务数据模型和所选用的数据库管理系统。

3. 交换服务

交换服务是指通过定义标准的档案数据和元数据存储格式，利用数据库引擎、检索引擎和交换标准等实现对异构数据的转换和装载服务等功能。

4. 配置服务

配置服务是指根据应用单位的业务需求实现档案管理信息系统的客户化配置，包括对档案门类、档案系统功能模块、档案数据库结构、档案元数据属性和存储格式等基本内容的管理和部署。

5. 应用服务

应用服务是指通过提供数据交换、系统定义、基础信息、业务全过程管理、对外服务及辅助决策等功能模式，实现档案的现代化管理。

6. 安全服务

安全服务是指根据按档案业务职能和角色，为用户分配功能操作权限和数据操作权限，通过身份认证实现对应用系统的安全管理和控制。

7. 客户服务

客户服务是指将用户分为 Intranet（局域网）用户、Extranet（档案专网）用户及 Internet（全球互联网）用户三大类，每类用户访问系统采用不同的入口方式，以保证对整个系统的安全管理和防护。

第五节　数字信息存储设备

数字化档案信息的存储至关重要，通常采用的存储设备有半导体存储器、磁存储器和光存储器。其中，半导体存储器主要用于存储微机运行期间的程序及其所用的数据，称为主存储器或内部存储器。磁存储器和光存储器被称为外部存储器，其主要作用是长期存放计算机工作所需要的系统文件、应用程序、用户程序、文档和数据等。目前，常用的有软盘、硬盘（可移动硬盘）、光盘、磁带、移动存储器（U盘、MP3）等。

一、软盘

软盘存储器由软盘、软盘驱动器和软盘适配器三部分组成。软盘是活动的存储介质，软盘驱动器是读/写装置，软盘适配器是软盘驱动器与主机连接的接口。软盘适配器与软盘驱动器安装在主机箱内，软盘驱动器插槽暴露在主机箱的前面板上，可方便地插入或取出软盘。由于软盘的容量较小，一般用作数据交换的临时存储介质，在存储方面逐渐被淘汰，建议档案馆将由软盘存储的数据尽快转移到或迁移到其他存储设备上。

二、硬盘

硬盘存储器是由电机和硬盘组成的。根据容量，一个机械转轴上串有若干个硬盘，每个硬盘的上下两面各有一个读/写磁头。硬盘在读写速度和容量上都要远远优于软盘，是一个非常精密的设备，被密封在一个窗口之中。

（一）硬盘的结构

硬盘（Hard Disks）是依靠磁道、扇区来进行数据读写的磁盘。一个硬盘可以有多张盘片，所有的盘片按同心轴方式固定在同一轴上，两个盘片之间仅留有读写头的位置。每张盘片按磁道、扇区来组织硬盘数据的存取。硬盘的容量取决于硬盘的磁头数、柱面数及每个磁道扇区数，由于硬盘一般均有多个盘片，所以用柱面这个参数来代替磁道。

（二）硬盘格式化

硬盘格式化需要分三个步骤进行，即硬盘的低级格式化、硬盘分区和硬盘高级格式化。

硬盘的低级格式化即硬盘的初始化，其主要目的是对一个新硬盘划分磁道和扇区，并在每个扇区的地址域上记录地址信息。初始化工作一般由硬盘生产厂家在硬盘出厂前完成。

为了方便使用，系统允许把硬盘划分成若干个相对独立的逻辑存储区，每一个逻辑存储区称为一个硬盘分区。显然，对硬盘进行分区的主要目的是建立系统使用的硬盘区域，并将主引导程序和分区信息表写到硬盘的第一个扇区上。只有分区后的硬盘才能被系统识别使用，这是因为经过分区后的硬盘具有自己的名字，也就是硬盘标识符，系统通过标识符访问硬盘。

硬盘建立分区后，必须对每一个分区进行高级格式化后才能使用。高级格式化的主要作用有两点：一是装入操作系统，使硬盘兼有系统启动盘的作用；二是对指定的硬盘分区进行初始化，建立文件分配表以便系统按指定的格式存储文件。

三、光盘

光盘存储器是利用光学原理进行信息读写的存储器。光盘存储器主要由光盘、光盘驱动器和光盘控制器组成。光盘是存储信息的介质，光盘主要分为只读型光盘和读写型光盘。只读型指光盘上的内容是固定的，不能写入、修改，只能读取其中的内容。读写型则允许人们对光盘内容进行修改，可以抹去原来的内容，写入新的内容。用于微型计算机的光盘主要有 CD-ROM、CD-R/W 和 DVD-ROM 等几种。

光盘的主要特点是：存储容量大、可靠性高，只要存储介质不出现问题，光盘上的信息就永远存在。光盘驱动器是大容量的数据存储设备，又是高品质的音源设备，是最基本的多媒体设备。一张 4.72 英寸 CD-ROM 的容量可以达到 600MB。

CD（Compact Disk）驱动器的一个重要特性是速度。旋转速度决定了计算机与 CD 之间数据交换的快慢。

DVD（Digital Video Disk 或 Digital Versatile Disk）是数字视频光盘，主要用以存储和播放多媒体信息，储存的容量可以达到 4.7GB 以上。DVD 的 基 本 类 型 有 DVD-ROM、DVD-Video、DVD-Audio、DVD-R、DVD-RW、DVD-RAM 等。

四、磁光盘

MO（Magneto-Optical Disk）磁光盘是传统的磁盘技术与现代光学技术结合的产物，MO 驱动器采用光磁结合的方式来实现数据的重复写入，MO 盘片可重复读写一千万次以上。同时，由于 MO 盘片还带有保护壳，因此 MO 在业务方面的性能要强于 CD-R/RW，具有超高的安全性和稳定性。MO 必须使用专门的 MO 存储器来读取，就像光盘驱动器一样，读写速度、转速、平均寻址（存取）时间、支持的盘片容量以及接口等是衡量 MO 存储器的主要指标。与 CD-ROM/CD-RW 相比，MO 的兼容性差，价格贵，读写速度慢，但操作方便。使用 MO 就像操作一个普通的硬盘那样可以随时存取，软件甚至可以直接在 MO 上运行，存储容量规格有 650M、1.2G、2.3G、2.6G、4.8G、5.2G、8.6G、9.1G。尽管 MO 的读取数据速度比不上硬盘，但其保存寿命可以延长至 50 年以上，具有"永久性"光盘之赞誉，因此 MO 在长期、稳定保存固定内容的档案信息时起到非常重要的作用，是备份数字化档案信息的主要设备。当前世界上 MO 的主要生产厂家有 IBM、索尼（SONY）、富士通（FUJITSU）、惠普（HP）等。

五、U 盘

U 盘的存储介质是快闪存储器（Flash Memory），它和一些外围数字电路被焊接在电路板上，并封装在硬脂塑料外壳内。它可重复擦写达 100 万次，防潮耐高低温（−40℃ ~ 70℃）。有的 U 盘内部还设计了用来显示其工作状态的指示灯并提供类似软盘的写保护，用一个嵌入内部的拨动开关来实现，它可以控制对 U 盘的写操作。有了它，可降低操作失误造成数据丢失的概率。U 盘之所以被广泛使用，是因为它具有许多优点。

第一，U 盘不使用驱动器，直接采用串口方式与计算机进行连接，不仅方便文件共享与交流，还可节省开支。

第二，U 盘的接口是 USB，无须外接电源，支持即插即用和热插拔，只要用户的主板上有 USB 插口就可以使用 U 盘。当计算机使用 Windows ME/2000/XP 等操作系统时，不用安装驱动程序就可以使用 U 盘。只需将 U 盘插在 USB 口，系统会自动显示 U 盘所使用的盘符。

第三，U 盘的存取速度大约是软盘的 15 倍。USB 接口标准有 1.1 和 2.0 两种。

第四，U 盘便于携带，U 盘的体积非常小且重量轻，重量仅相当于一支圆珠笔。

第五，U 盘的防震性能好，因为它采用无机械装置，结构坚固。从存储容量上进行分类，U 盘有多种规格，如 16MB、32MB、64MB、128MB、256MB、1G 等。目前的多种 MP3、MP4 甚至是手机都可以做 U 盘用。

当前，U 盘基本上成为移交档案的中间存储介质。

六、移动硬盘

移动硬盘是以硬盘为存储介质、强调便携性的存储产品。目前市场上绝大多数的移动硬盘都是以标准硬盘为基础的，只有很少一部分采用微型硬盘（1.8 英寸硬盘等）。移动硬盘数据的读写模式与标准 IDE 硬盘是相同的，多采用 USB、IEEE 1394 等传输速度较快的接口，可以较高的速度与系统进行数据传输。移动硬盘具有容量大、传输速度快、使用方便、可靠性较强等优点。

在档案馆进行馆藏档案数字化的加工过程中，移动硬盘是通常使用的设备，这是由于数字化信息档案的不断增加需要随时做"过程"备份。只有在加工完成后，才将数字化信息发布到网络在线存储器上提供服务利用，同时也将已经稳定的数字化信息采用 MO 或光盘进行备份。这是数字化设备资源使用的可取的节约型方案。

七、磁盘阵列

RAID（冗余磁盘阵列的独立磁盘）技术是一种用于数据存储的技术，通过将多个磁盘驱动器组合在一起以提高速度和 / 或数据可靠性。RAID 技术的主要级别包括 RAID 0 到 RAID 7，每个级别都有其独特的特点和用途：

RAID 0（条带化）：

①将数据分散存储在两个或更多的硬盘上，但不提供冗余。

②提高了读写速度，但如果任何一个磁盘失败，所有数据都将丢失。

RAID 1（镜像）：

①数据在两个磁盘上存储了两份完全相同的副本。

②如果一个磁盘失败，另一个磁盘上的数据仍然安全可用。

RAID 2：

①使用 Hamming 错误校正码进行错误检测，已经不常用。

②通常被其他更高效的 RAID 级别所取代。

RAID 3（条带化带奇偶校验）：

①类似于 RAID 0，但增加了一个专用的奇偶校验磁盘。

②如果一个磁盘失败，可以使用奇偶校验数据来重建丢失的信息。

RAID 4：

①与 RAID 3 类似，但数据块被大块地写入不同的磁盘，而非单个字节。

②提供了良好的读取性能，但写入性能有限。

RAID 5（条带化带分布式奇偶校验）：

①数据和奇偶校验信息被分布在所有磁盘上，而不是单独的奇偶校验磁盘。

②提供了数据冗余，同时保持较好的读写性能。

RAID 6（双重奇偶校验）：

①类似于 RAID 5，但有两个奇偶校验块。

②即使有两个磁盘同时失败，数据仍然是安全的。

RAID 7：

①这是一个专有级别，通常包括实时嵌入式操作系统作为控制器。

②提供了数据冗余和高速访问，但并不是一个标准的 RAID 级别，而是某些特定厂商的产品。

每个 RAID 级别都有其特定的用途和优势，选择哪个级别取决于需要平衡的性能、数据冗余和成本。在现代的存储解决方案中，RAID 1、RAID 5 和 RAID 6 是最常见的选择。

第六节　档案数字化处理技术

一、扫描加工技术

扫描加工是馆藏中纸质、照片、缩微品等档案转变为数字化信息的主要方法，数字扫描仪是进行数字化处理的主要工具。在选择和使用扫描仪时，需要了解扫描仪的工作原理、分类方法、技术指标等，以实现对扫描设备的正确选择和科学使用。

（一）扫描仪基本工作原理

扫描仪是数字信息采集设备，是一种融光学、机械及电子为一体的高科技产品，是把传统的模拟影像转化为数字影像的设备。扫描仪通过对原稿进行光学扫描，将光学成像传送到光电转换器中变为模拟电信号，又将模拟电信号变换成数字电信号，并通过计算机接口传送至计算机中。在扫描仪获取图像的过程中，有两个元件起到关键作用：一个是 CCD，它将光信号转换成电信号；另一个是 A/D 变换器，它将模拟电信号变为数字电信号。这两个元件的性能和技术指标直接影响扫描仪的工作质量。扫描仪的工作方式主要有反射式和透射式两种。

大多数平板扫描仪采用反射式扫描原理。在扫描仪内部，有一个步进电动机驱动的可移动拖架，拖架上有光源、反射镜片、透镜和 CCD 光敏元件等。扫描时，原稿固定不动，拖架移动，其上的光源随拖架移动，光线照射到正面向下的原稿上，其过程类似复印机。图片反射回来的光线通过反射镜片反射到透镜上，经过透镜的聚焦，投影到 CCD 光电耦合元件上，经过光电转换形成电信号，然后进行译码，将数字信号输出。

采用透射式扫描原理的扫描仪一般有两类，一类是专用的胶片扫描仪，另一类是混合式扫描仪。

专用胶片扫描仪结构紧凑，反射镜片、透镜、CCD 和光源安装在固定架上，不能移动，可移动的是胶片原稿。扫描时，固定在移动架上的胶片原稿由电动机带动，进行缓慢移动，光源发出的光线透过胶片照射到反射镜片上，经过反射、聚焦，由 CCD 元件转换成电信号，最后经译码传送到主机中。

混合式扫描仪是在普通平板扫描仪上增加一个带有独立光源和相应机构的配件，这样该扫描仪就具备了透射式扫描的功能，可扫描胶片的正片和负片。在扫描时，胶片原稿固定不动，移动拖架在步进电动机的带动下移动，顶部的独立光源也同步随之移动，该光源的光线穿透胶片照射到移动拖架上的反射镜片、透镜和 CCD 元件上，变成电信号，最后经过译码，把数字化图像传送到主机中。

（二）扫描仪接口方式

扫描仪与计算机之间的接口方式主要有 SCSI、EPP、USB 和 IEEE 1394

四种类型，其中以 SCSI、USB 较常用。SCSI 接口的最大优势是它工作时占用 CPU 的空间很少。扫描仪软件接口标准（TWAIN1.0 版）已经得到广泛的使用，适应 32 位、64 位的软件和驱动程序也正在开发中。

SCSI 接口的扫描仪需要一块 SCSI 卡将扫描仪与计算机相连接，早期的扫描仪大都是 SCSI 接口。其优点是传输速度较快，扫描质量高；缺点是需要开机箱安装一块 SCSI 卡，要占用一个 ISA 或 PCI 槽以及相应的中断，有可能和其他配件发生冲突。

EPP 接口是采用计算机连接打印机的接口，同 SCSI 的扫描仪相比速度较慢，扫描质量稍差，但安装方便，兼容性好。大多采用 EPP 接口的扫描仪后部都有两个接口，一个接计算机，另一个接其他的并口设备。

USB 接口是采用串口方式进行连接的，当前已经成为连接标准。优点是速度快，可带电插拔，即插即用，有的扫描仪可直接由 USB 口取电，无须另加电源。

IEEE 1394 接口是苹果公司开发的串行标准，中文译名为火线接口（Fire wire）。同 USB 一样，IEEE 1394 也支持外设热插拔，可为外设提供电源，能连接多个不同设备，支持同步数据传输。作为高性能的快速通信接口，它尤其受到专业扫描仪厂商的青睐。不过，对 IEEE 1394 规范，苹果公司采用收费授权的方式，也就是使用 IEEE 1394 规范的产品都必须向其支付一笔使用费。IEEE 1394 接口虽然是具有里程碑意义的变革，但是目前其价格较昂贵，采用 IEEE 1394 接口的扫描仪的价格比使用 USB 接口的扫描仪高许多，因此其还很难在家庭用户中普及。

（三）扫描仪分类

按扫描速度可以将扫描仪分为高速、低速两种。按工作原理可以将扫描仪分为手持式、平板式、胶片专用、滚筒式和 CIS 扫描仪等多种类型。

手持式扫描仪价格便宜，方便，光学分辨率一般在 100DPI ～ 600DPI 之间，大多是黑白的。

平板式扫描仪主要扫描反射稿，光学分辨率一般在 300 DPI ～ 2400 DPI 之间，色彩位数可达 48 位。

胶片专用扫描仪主要用来扫描幻灯片、摄影负片、CT 片及专业胶片，高精度、层次感强，附带的软件较专业。

滚筒式扫描仪以点光源一个一个像素地进行采样，采用 RGB 分色技术，优点当然明显，属于真正的专业级，价格也很昂贵。

CIS 扫描仪是"接触式图像传感器"，不需光学成像系统，结构简单、成本低廉、轻巧实用，但是对扫描稿厚度和平整度要求严格，成像效果比 CCD 差。

现有 CCD 扫描仪带 TMA（透扫器），可扫胶片。

（四）扫描仪技术指标

扫描分辨率（dpi）、扫描精度、色彩位数、灰度级、扫描幅面、扫描速度、兼容性、接口形式等都是选择和使用扫描仪时应重点考虑的技术指标。

扫描分辨率主要是指扫描仪 CCD 的光学分辨率，是决定扫描清晰度的主要参数指标。dpi 的数值越大，扫描的清晰度就越高。

色彩位数用以表明扫描仪在识别色彩方面的能力和能够描述的颜色范围，它决定了颜色还原的真实程度。色彩位数越大，扫描的效果越好、越逼真，扫描过程中的失真就越少。

灰度级是扫描仪在纯黑和纯白之间平滑过渡的能力。灰度级位数越大，相对来说扫描结果的层次就越丰富、效果越好。

扫描幅面是指扫描仪所能扫描的纸张大小，一般有 A4、A4+、A3 等。

扫描速度是指扫描仪在从预览开始到图像扫描完成的过程中光头移动的速度。在保证扫描精度的前提下，扫描速度越高越好。扫描速度主要与扫描分辨率、扫描颜色模式和扫描幅面有关，扫描分辨率越低、幅面越小、单色，扫描速度越快。计算机系统配置、扫描仪接口形式、扫描分辨率设置、扫描参数设定等都会影响扫描速度。

兼容性是衡量扫描仪普遍实用性的重要指标，主要从接口方式、扫描幅面、扫描方式、对计算机的硬件和软件环境的要求等方面来权衡。

（五）扫描仪最新发展

高质量的镜头和 CCD 是扫描仪发展的主要突破点，"镜头技术"是指现代专业扫描仪中光学镜头的相关技术，内容包括可变焦距镜头技术和多镜头技术。扫描仪采用多个自动变焦镜头或镜片进行组合，由更为精密的电机伺服系统驱动，目的是实现更好的均匀度和锐度，使扫描原稿的边缘聚焦准确，并使扫描质量得到进一步提高。

随着扫描仪使用的广泛和普及，人们对扫描仪的精度、准确度、灵敏度、速度等都提出了较高的要求，扫描仪的生产厂家也在 RCB 同步扫描技术、高速图像处理技术、色彩增强技术、智能去网技术、光学分辨率倍增技术等方面不断研究和进取。同时，为了更好地满足用户的特殊使用要求，生产厂家将各种技术、图像处理系统与扫描仪结合使用，开发出以人为本的功能更强、性能更好、使用更方便的零边距、无边距、无盲区、无变形、自动翻页等扫描仪。如全息无损、自动定位、高速采集、超大幅面、智能化图文优化、图像文件批处理等都是一些新型产品具有的特点，大大提高了扫描加工的效率，降低了扫描加工人员的劳动强度。

二、模数转换技术

声像档案的数字化过程与纸质档案完全不同，这是因为传统的声像都采用模拟的磁带、录音带、录像带来保存，必须通过模拟到数字的转换才能实现数字化。

模数转换是将模拟输入信号转换成二进制数字信息的一种技术，主要包括采样、保持、量化和编程四个过程。实现这些过程的技术很多，并可采用这些技术研制出各种转换设备和系统，在开展声像档案数字化的过程中必须了解和熟练掌握这些设备的功能、性能和操作规程。模拟声像档案数字化的核心过程就是要完成声像档案的数据采集与数字化转存，实现声像档案从模拟数据向数字信息的转化。这个过程主要依靠模拟声像资料播放机、数模转换线、视频采集卡、影像工作站等设备搭建的声像数模转换系统完成。声像数据的数字化转换过程是实时的，即一个小时的模拟声像资料转化为数字格式同样需要一个小时。

三、网络存储技术

档案信息化将产生大量的数字化档案信息，不仅需要用海量存储设备进行存储备份，更需要提供数字化档案信息的网络化服务利用，这就需要借助于网络在线存储技术以获得更可靠的存储，提供更快速的访问。

（一）存储设备与主机的连接方式

主机与网络存储系统之间的连接方式有多种，主要有在线存储（On-line）、近线存储（Near-line）和离线存储（Off-line）。磁盘阵列与服务器之间的直接连接就是采用在线存储方式，存取速度快，成本高，适合高速数据存取的应用场合；光盘库与主机之间采用近线存储方式，存取速度中等，成本合理，适合于对在线访问速度要求不高的档案馆、图书馆等；磁带库、脱机存储设备是采用离线存储方式，平均存取速度较慢，成本也较低，适合大规模后备份或者用以保密数据的保管和访问等。

（二）存储设备与网络的连接标准

存储设备与网络的连接标准也有多种方式，主要有SCSI连接、光纤连接、3GIO等。SCSI连接和光纤连接是档案馆中通常使用的连接方式。

（三）网络存储解决方案

直接附加存储（Direct Attached Storage，DAS）、网络附加存储（Network Attached Storage，NAS）、存储区域网（Storage Area Network，SAN）以及内容寻址存储（Content Addressing Storage，CAS）是当前最为流行的几种存储解决方案。

1. 直接附加存储技术

DAS是一种传统存储方式，是在本地将存储设备（磁盘、磁带、磁盘阵列、带库等）通过SCSI接口的电缆一对一地直接连接到服务器或者客户端的扩展接口上。它自己没有独立的操作系统，而是依赖于其宿主设备——服务器或客户端的操作系统来完成对数据的存储与管理。服务器和存储设备之间的连接通道是独立的、专用的。存储设备只能由与其直接相连的服务器通过一个智能的控制器来访问。该方法主要是为克服主机上驱动器槽的缺陷而发展出来的。当服务器需要更多的存储量时，只要增加连接一个存储器就行了。该方法同时还允许一台服务器成为另外一台的镜像。这个功能是通过将服务器直接连接到另一台服务器的界面上来实现的。DAS的优点是数据存储速度快，所有数据能够时刻在线，为用户提供快速的访问响应。不足之处在于大量占用服务器资源，当用户数增加或者服务器上的应用程序运行繁忙时，服务器就成了数据存储与访问的瓶颈，当网络上存储设备和服务器被添加进来，DAS环境将导致服务器和存储孤岛数量的剧增，产生巨大的管理负担，并致使资源利用率低下。由于受到服务器扩展能力的限制，不可能进行无限度的扩容，容量会受到一定的限制，因此它比较适合于数字化信息量较小的档案馆使用。

2. 网络附加存储技术

NAS 是一种基于文件级别的存储结构，存储设备直接连接到局域网上，具备文档存储功能的装置，一个附加的层被用来对共享的存储文件进行寻址，系统通常使用 NFS（网络文件系统）或者 CIFS（通用互联文件系统），这两者都是基于 IP 的应用。它将存储设备从服务器上脱离出来，完全独立于网络中的主服务器，而连接到现有的网络上，通过网络共享方式给各客户机提供网络数据资源服务，客户机完全可以不经过服务器而直接访问存储设备上的数据。NAS 服务器一般由存储硬件（例如硬盘驱动器阵列）、操作系统以及它们的文件系统等几部分组成。

NAS 的优点在于几台不同的服务器可以共享一个独立的存储设备。与 DAS 不同，NAS 不仅实现了异构操作环境下的数据共享，而且即插即用，可以在线扩容且具有良好的扩展性，而且每台服务器不再需要自己的存储设备，使得存储能力得到更加充分有效的利用，降低了存储设备的成本。服务器可以使用不同的操作系统平台，只要它们都能支持 IP 协议即可。

NAS 的典型组成是使用 TCP/IP 协议的以太网文件服务器，数据以文件作为操作对象。存储的介质可以是磁盘、磁盘阵列、光盘、磁带。

3. 存储区域网技术

SAN 是一种通过光纤集线器、光纤路由器、光纤交换机等连接设备将磁盘阵列、磁带等存储设备与相关服务器连接起来的高速专用子网。

SAN 的交换式架构使任何一个存储单元都通过多个交换机连接到各个服务器上，这样就为访问存储单元的路由提供了冗余度，为通信提供了更多的路由，消除了某台交换机损坏而导致单点失败的可能性。SAN 构成的子网专用于存储，不占用服务器运算处理的网络带宽。SAN 通常由 RAID 阵列、带库、光盘库和光纤交换机组成。SAN 和服务器的数据通信通过命令（而非 TCP/IP），以数据块的形式提供对共享数据的访问，这样服务器可以访问数据中的任何一部分，而文件级的访问只能访问一个文件，一个文件通常包含若干个数据块。SAN 具备很高的可靠性和很强的连续处理业务的能力，适合于处理速度较快的数据环境。

SAN 是一个由存储设备和系统部件构成的网络。所有的通信都在一个与应用网络隔离的单独网络上完成，可以被用来集中和共享存储资源。SAN

不但提供了对数据设备的高性能连接，提高了数据备份速度，还增加了对存储系统的冗余连接，提供了对高可用群集系统的支持。简单地说，SAN是关联存储设备和服务器的网络。它和以太网有类似的架构：以太网由服务器、以太网卡、以太网集线器/交换机及工作站组成；SAN由服务器、HBA卡、集线器/交换机和存储设备组成。

　　一个SAN系统由接口（如SCSI、光纤通道、ESCON等）、连接设备（如交换设备、网关、路由器、集线器等）和通信控制协议（如IP和SCSI等）三个基本组件及附加的存储设备和独立的SAN服务器组成。其特点在于：①它提供一个专用的、高可靠性的基于光通道的存储网络，SAN允许独立地增加它们的存储容量。②SAN提供了一种与现有LAN连接的简易方法，允许任何服务器连接到任何存储阵列，这样不管数据置放在哪里，服务器都可直接存取所需的数据。这也使得管理及集中控制更加简化，特别是在全部存储设备都集群在一起的时候。③通过同一物理通道支持广泛使用的SCSI和IP协议。SAN不受现今主流的、基于SCSI存储结构的布局限制。④运行备份操作无须考虑它们对网络总体性能的影响。⑤光纤接口提供了10千米的连接长度，这使得实现物理上分离的、不在机房的存储变得非常容易。⑥SAN初始构建成本比较高，因此适合于有海量数据且具有良好经济实力的省市级档案馆使用。

　　4.内容寻址存储技术

　　DAS和NAS是基于文件访问的，SAN是基于块（BLOCK）寻址的，比较适用于TB级数量的交易型或整合型的网络应用环境，而CAS则是采用内容寻址方式来进行数据存储的，主要是针对非结构化、固定内容、静态数据（如文档、电子邮件、影像、Video/Audio流媒体、CAD图纸及各种数据交易历史记录等）等内容对象的存储而设计的。由于一个内容数据的大小是没有上限的，因此，CAS使用一个内容地址来存放和读取此内容对象。CAS设备中组织和存储的数据方式对外部应用系统是不可见的，对用户来说它是一个存储数据的"黑盒子"，用户也不用关心它是如何摆放数据的，只需要通过CAS提供的专有应用编程接口（Application Programming Interface，API）来实现对CAS设备上的存取或访问。目前很多提供内容存储解决方案的厂商都开发了专门访问CAS设备的应用程序，使得用户在存取和访问

CAS 设备中的内容时与通常的文件操作方式相一致。

与 CAS 设备配套的管理软件提供了许多功能来确保数据的完整性、有效性和安全性。如为每个文件设置保存期，可预防人为的或故意的修改和删除；保证同样内容的文件不会重复保存，只要进行修改，便可成为新的文件，因此可以保证文件的真实性；采用单点无故障的结构以防止技术变化带来的影响。所有这些特点都与档案这一"固定内容"的数据管理要求相吻合，因此非常适合于永久保存的、使用频率不很高的数字化档案信息的存储。

档案馆在构建存储解决方案时，可以考虑将 SAN 和 CAS 存储技术联合使用，采用分级存储解决方案，将访问频率和访问速度要求较高的数字化档案信息存储在 SAN 构建的网络中，而将做长期保存和访问频率较低的档案信息存储在 CAS 的存储设备中。这样不仅能够满足用户对档案的利用需求，也能够满足档案馆对长期保存数字化档案信息的安全保存要求，降低管理复杂度。

四、字符编码、文件格式与压缩技术

在开展档案信息化系统建设的过程中，必须考虑采用哪种编码标准，数字化档案信息以哪种格式的文件进行保存，这样便于确保系统的标准规范性和兼容性，这是档案系统建设人员应了解的基本知识。

（一）字符编码

字符编码是用二进制的数字来对应字符集中的字符，字符必须编码后才能被计算机处理。

英文字符使用 7 位的 ASCII 编码。

各个国家和地区在 ASCII 码的基础上设计了各种不同的汉字编码集。这些编码使用双字节来表示汉字字符。

Unicode 码是一种国际标准编码，采用二个字节编码。由国际组织设计，可以容纳全世界所有语言文字的编码方案。目前，其在网络、Windows 系统和很多大型软件中都得到广泛应用。

（二）文件格式

一副图像可以看成由许许多多的点组成。图像中的单个点称为像素，每个像素都有一个值，称为像素值，它表示特定颜色的强度。一个像素值用 R、G、B 三个分量表示。

1. 图像的基本属性

图像分辨率、像素深度、真彩色和伪彩色是描述图像的基本属性。

图像分辨率是指组成一幅图像的像素密度的度量方法。对同样大小的一幅图，像素数目越多，分辨率越高，图像越逼真。

像素深度是指存储每个像素所用的位数。像素深度决定彩色图像的每个像素可能有的颜色数，或者确定灰度图像的每个像素可能有的灰度级别。表示一个像素所使用的二进制位数越多，表达的颜色数目就越多，而深度就越深。

真彩色是指在组成一幅图像的每个像素值中，有 R、G、B 三个基色分量，每个基色分量直接决定显示设备的基色强度，这样产生的彩色称为真彩色。伪彩色是指每个像素的颜色不是由每个基色分量的数值直接决定，而是把像素值当作彩色查找表的表项入口地址，去查找一个显示图像时使用的 R、G、B 强度值，通过查找出的 R、G、B 强度值产生的颜色称为伪彩色。

在计算机中，表达图像和计算机生成的图形图像有两种常见的办法：一种叫作矢量图形法，另一种叫作点位图法。矢量图是由一系列计算机指令来表示一幅图，如画点、画线、画圆等，这种方法实际上是用数学方法来描述一幅图。点位图是把一幅彩色图分成许许多多的像素，每个像素用若干个二进制位来指定该像素的颜色、亮度和属性。一幅图由许多描述每个像素的数据组成，这些数据通常称为图像数据，把这些数据作为一个文件来存储，则该文件称为图像文件。点位图通常由扫描仪、摄像机等设备获得。

2. 静态图像文件格式

BMP、GIF、TIFF、JPEG 和 PNG 是当前常用的静态图像文件的存储格式。

BMP 文件：BMP 是 Windows 中采用的标准图像文件格式，有压缩和不压缩两种形式。它以独立于设备的方法描述位图，可用非压缩格式存储图像数据，解码速度快，支持多种图像的存储。

GIF 文件：GIF 是在各种平台的各种图形处理软件上均能够处理的、经过压缩的一种图像文件格式。它是可在 Macintosh、Amiga、IBM 机器间进行移植的一种标准位图格式。

TIFF 文件：TIFF 是由 Aldus 为 Macintosh 机开发的一种图形文件格式，最早流行于 Macintosh，现在 Windows 上主流的图像应用程序都支持该格式。

目前，它是 Macintosh 和 PC 机上使用最广泛的位图格式，在这两种硬件平台上移植图形图像十分便捷，大多数扫描仪也都可以输出 TIFF 格式的图像文件。

JPEG 文件：JPEG 是 24 位的图像文件格式，也是一种高效率的压缩格式，文件格式是 JPEC（联合图像专家组）标准的产物，该标准由 ISO 与 CCITT（国际电报电话咨询委员会）共同制定，是面向连续色调静止图像的一种压缩标准。通过损失极少的分辨率，可以将图像所需存储量减少至原大小的 10%。

PNG 文件：PNG 是一种能存储 32 位信息的位图文件格式，其图像质量远胜过 GIF，使用无损压缩方式来减少文件的大小。PNG 图像可以是灰阶的（16 位）或彩色的（48 位），也可以是 8 位的索引色。PNG 图像使用的是高速交替显示方案，显示速度很快，只需要下载 1/64 的图像信息就可以显示出低分辨率的预览图像。

3. 动态图像文件存储格式

AVL、WMV、RM、MPEG 是当前常用的动态图像文件的存储格式。

AVI 格式：AVI 即音频视频交叉存取格式。在 AVI 文件中，运动图像和伴音数据是以交替的方式存储，并独立于硬件设备的。构成一个 AVI 文件的主要参数包括视像参数、伴音参数和压缩参数等。

WMV 格式：WMV 是微软推出的一种采用独立编码方式并且可以直接在网上实时观看视频节目的文件压缩格式。主要优点包括：本地或网络回放、可扩充的媒体类型、部件下载、可伸缩的媒体类型、流的优先级化、多语言支持、环境独立性、丰富的流间关系以及扩展性等。

RM 格式：Real Networks 公司所制定的音频视频压缩规范称为 Real Media，用户可以使用 Real Player 或 RealOne Player 对符合 Real Media 技术规范的网络音频/视频资源进行实况转播，并且 Real Media 可以根据不同的网络传输速率制定出不同的压缩比率，从而实现在低速率的网络上进行影像数据实时传送和播放。

MPEG 格式：MPEG 是数字音频压缩技术。VCD、SVCD、DVD 中的文件就采用这种格式。MPEG 文件格式是运动图像压缩算法的国际标准，采用有损压缩方法减少运动图像中的冗余信息。MPEG 的压缩方法是依据相邻两幅画面绝大多数是相同的，把后续图像中和前面图像有冗余的部分去除，从而达到压缩的目的。目前 MPEG 格式有三个压缩标准，分别是 MPEG-1、MPEG-2 和 MPEG-4；另外，MPEG-7 与 MPEG-21 仍处在研发阶段。

4.音频数据格式

音频数据文件格式主要有 WAV、MP3 等格式。

WAV 是 Microsoft Windows 本身提供的音频格式。WAV 文件格式支持各种采样频率和样本精度的声音数据，并支持声音数据的压缩。WAV 文件由许多不同类型的文件构造块组成，其中最主要的两个文件构造块是 Format Chunk（格式块）和 Sound Data Chunk（声音数据块）。

MP3 格式是一个让音乐界产生巨大震动的声音格式。MP3 的全称是 Moving Picture Experts Group，Audio Layer Ⅲ，它所使用的技术是在 VCD（MPEG-1）的音频压缩技术上发展出的第三代，而不是 MPEG-3。MP3 是一种音频压缩的国际技术标准。MP3 格式可以使音乐质量在做很小牺牲的情况下将文件缩小很多。

（三）压缩技术

在进行档案信息化时，涉及各种类型的数字化档案信息，有文本、图形、图像、声音、影像及其他多媒体信息等，不同的文件采用不同的格式进行存储。另外，由于数字化档案信息的数据量较大，对系统的存储能力和网络传输能力造成很大的压力，因此通常采用压缩技术来缓解这些矛盾。通过使用各种压缩技术把文件和数据的存储容量减小，以压缩形式存储和传输，在利用时再解压，这样既节约了存储空间，又提高了网络的数据传输效率。数据压缩方法种类繁多，通常可分为无损压缩和有损压缩两种类型。

无损压缩利用数据的统计冗余进行压缩，可完全恢复原始数据而不引入任何失真，但压缩率受到数据统计冗余度的理论限制，一般为 2：1 到 5：1。这类方法广泛用于文本数据、程序和特殊应用场合的图像数据（如指纹图像、医学图像等）的压缩。由于压缩比的限制，仅使用无损压缩方法不可能解决图像和数字视频的存储和传输问题。

有损压缩方法利用了人类视觉对图像中的某些频率成分不敏感的特性，允许压缩过程中损失一定的信息。虽然不能完全恢复原始数据，但是所损失的部分对理解原始图像的影响较小，却换来了大得多的压缩比。有损压缩广泛应用于语音、图像和视频数据的压缩。

JPEG 是静止图像压缩标准，是一个适用于彩色和单色多灰度或连续色调静止数字图像的压缩标准。

MPEG 是运动图像压缩编码，MPEG 4 对视频图像的压缩比很高，在保持较高的图像视觉效果的前提下，压缩比可以达到 60 ～ 100 倍左右。MPEG 压缩算法复杂、计算量大，它的实现一般要专门的硬件支持。

H.261 是视频通信编码标准，也称为 PX64K 标准，常用于电视电话 / 会议电视，压缩比可高达 50 ：1 左右。

图像压缩技术、视频技术与网络技术的结合应用在数字档案馆的建设过程中将大有作为，如在远程的数字化档案图像和动态信息的归档等方面都将非常有效。

五、OCR 文字识别技术

档案内容数字化工作包括数字化预加工和深加工两步：预加工是通过扫描处理将纸质档案、照片档案、缩微胶片等转变为电子图像文件，不能将纸质档案上的文字信息进行完全处理；深加工则是需要获取档案内容中的文字信息，以提供档案的全文检索服务。光学字符识别（Optical Character Recognition，OCR）就是用于从数字化档案的图像文件中获取档案标引信息和全荧信息的一种技术。

档案数字化加工的主要步骤包括图文输入、预处理、单字识别及后处理。

图文输入是指实现档案原件的数字化，通过扫描设备或数码拍照等方式形成档案的数字化图像文件。

预处理是在对数字化档案的图像文件进行文字识别之前做的一些准备工作，主要包括版面分析、图像净化、二值化处理、文字切分等。这一阶段的工作非常重要，其处理效果将直接影响到识别的准确率。

单字识别是文字识别的核心技术，主要包括文字特征抽取和分类判别算法。人之所以能够通过大脑简单地认识文字，是由于在人的大脑中已经保存了文字的基本特征，如文字的结构、笔画等。要想让计算机识别文字，首先也要存储类似的基本信息。那么，存储什么形式的信息以及如何提取这些信息，则是一件比较复杂的事情，而且需要达到很高的识别率。通常采用的方法是根据文字的笔画、特征点、投影信息、点的区域分布等进行分析，常用的分析方法是结构分析方法和统计分析方法。

后处理是指对识别出的文字进行匹配，即对单字识别的结果进行分词，与词库中的词进行比较，以提高系统的识别率，减少误识率。

第五章 档案信息化管理的创新模式

信息化是一场革命，它引起了档案管理的深刻变革。社会信息化为档案事业的发展提供了一个融理念、方法、技术为一体的大背景，档案事业作为社会文化事业的重要组成部分被列入国民经济和社会发展的总体规划，遵循和服从社会信息化发展的总体要求和战略布局，从而使档案事业的自身发展与国家信息化发展战略相统一、相协调。档案信息化是 21 世纪现代档案管理区别于传统档案管理模式的重要特征，也是信息社会档案管理业务发展的必然趋势。档案信息化改变了档案工作者的思想观念、档案业务的工作环境、档案馆的组建方式以及档案的载体形式。档案不再拘泥于以纸质、录音和录像为载体，而是多以数字形式形成、传递、移交、鉴定、归档、保管和利用，借助于计算机实现自动化，开展档案工作，挖掘档案资源，提供档案利用。信息化为档案利用者提供了前所未有的方便，馆藏档案数字化成为历史的必然，数字化档案信息急剧增长，以全新的思路、方法和举措来发展档案事业是信息时代、知识型社会赋予 21 世纪档案工作者的新使命。

第一节 不同载体的档案的统筹管理

在我国，信息化真正在各行各业应用起来并产生有历史价值和凭证作用的电子文件和数字化档案信息，是 20 世纪 90 年代以后的事情，有条件的档案馆也随之探索和开展档案信息化的初期建设和简单的案卷目录计算机化管理和查询利用。但从全国来看，依然还有很多档案馆（室）尚未启动信息化或还未真正将计算机和信息系统使用起来，各行各业档案信息化的应用水平也参差不齐，产生和形成的档案有模拟的，也有数字的，使用的载体有纸质的，也有光盘、硬盘和其他数字格式的。应该说，进入 21 世纪，我们处于一个纸质与电子、模拟与数字共存的状态，处于传统管理向现代管理转变的过渡转型期：档案馆（室）内部存有大量的纸质档案、缩微胶片、录音和录像带等各种载体的实体档案，档案馆（室）新接收的档案既有各种形式的电子信息，也有大量的纸质档案。在这个特殊时期，档案载体形式多元化、管理工作复杂化、技术手段多样化、服务利用个性化成为现实的挑战，而档案管理的组织和队伍却很难随之更新和发展。

因此，随着档案资源和档案信息管理规模的不断扩大，档案信息的管理问题势必引起社会的高度重视，要求档案工作者思考统一的管理思路，兼顾所有载体档案的统筹管理。

一、档案目录信息统筹管理

无论是电子的还是纸质的档案，无论是手工管理还是采用计算机实行自动化管理，整理、分类和编目始终都是档案工作的重要组成部分。档案目录是各级各类档案馆（室）提供档案服务利用的基础信息，也是实现档案检索和提供档案利用的重要依据。馆藏的传统载体档案中，手写档案目录是最常见的方式，而新归档的各类档案会形成各种机读档案目录，或以 Excel、Access、Word 或以关系型数据库格式存储的数字形式的目录。为了方便档案利用者，档案馆（室）必须对已有馆藏和将会归档的所有档案的目录信息进行整合，按来源原则或信息分类方式分别进行整理、分类与合并处理，形成能够覆盖各类档案资源的目录信息，并采用档案管理信息系统对档案目录信息实行统一管理，实现目录信息的资源共享和统筹管理。避免目前一些档案馆（室）的做法：数字化档案采用档案管理信息系统进行管理，纸质档案采用手工翻本的方式进行检索。在档案馆（室）实施信息化的过程中，目录信息的数字化也是很重要的一项任务，不能由于工作量大、过去没有录入就成为历史遗留问题。

档案目录信息统筹管理的另外一个含义是案卷目录和卷内文件目录的关联管理，即尽可能也对卷内文件目录实行计算机化管理，并与其对应的案卷目录进行关联。检索到案卷目录后，就可以方便地浏览其卷内文件目录，提高检索的准确度；检索到卷内文件目录后，也能够很快地定位到它所对应的案卷目录及其所在的库房存址，以方便调卷。

当然，由于档案馆（室）人、财、物等资源的限制，档案信息化工作也是一个循序渐进的过程，不可能做到一蹴而就，因此，需要根据业务工作需要的紧迫程度，首先解决重要问题。有些档案馆在信息化实施的开始，只注重新接收档案的目录建设和全文管理，而将原有馆藏档案的目录和实物数字化作为二期工程进行实施。实力较强的档案馆则将两项工作并行开展，以提高档案数字化处理和信息化利用的效率。无论采取哪种策略和方式，档案信息化最终的效果是将档案馆的档案全部实行信息化统筹管理，既方便档案工作者，又方便档案利用人员，更能为未来档案资源的社会化服务与信息共享奠定坚实的基础。

二、目录全文一体化管理

档案全文，一方面是指馆藏档案内容的数字化信息，如缩微胶片、照片以及纸质档案数字化形成的静态图像文件，磁带、录像带等经过模数转换后形成的声音、图像等多媒体文件；另一方面是指各机构使用计算机和办公自动化系统等产生的电子文件归档后形成的数字化档案信息。这些全文信息是档案的内容实体，与档案目录信息相比较，档案全文能够提供更详细、更完整和更准确的内容和信息。然而，很多档案馆在接收电子文件或进行数字化加工后，没有将这些原文信息很好地管理起来，而是将这些数字化全文和图像存储在光盘、磁盘或网络存储器上，与保管纸质档案一样，把它们放在库房中，甚至没有进行分类、编目，根本无法进行系统化管理或提供利用。这完全违背了馆藏数字化和接收电子文件进馆的根本宗旨。我们知道，数字化信息最大的特点是利用的方便性和检索的快捷性，档案馆花费大量的时间、人力、物力和财力开展馆藏档案数字化和接收电子文件进馆的主要目的是方便利用，对于使用频繁的历史档案而言，也起到保护档案的作用。

实行目录全文一体化管理是信息化管理中比较有效的一种方式，其工作原理是首先在档案目录中进行检索，缩小范围，再检索全文，以便准确定位查档目标。通常采取的方式是，利用关系型数据库管理系统对档案目录信息实行统一管理，将扫描后的图像文件和新接收的电子文件（档案）以文档对象或文件形式存储在文件服务器或者内容服务器上，并通过一定的访问规则将档案目录信息与这些文件对象进行关联。在检索到档案目录信息时，就可以浏览和检索全文。如果是在信息系统中，则还需要按照系统设定的用户对目录和全文的浏览、检索权限进行处理。

目前，很多档案馆在接收电子文件时，采用"目录全文关联归档"方式。这种归档方式是将电子信息分门别类，整理成方便检索的目录信息，并将电子原文与电子目录进行关联挂接，即将电子信息的目录与全文进行捆绑。具体实现思路就是把目录信息与电子全文信息分开存放，将电子信息进行分类、编目，形成档案目录信息，将目录信息存放在关系型数据库中，将电子全文存放在文件服务器或数据库的二进制存储对象中。因此，在实现电子信息归档时，必须做好分类编目、原文整理以及梳理它们之间的对应关系。同时为了与之相配套，需要建立"电子信息背景应用环境"自动下载中心，以确保电子文件（档案）的可读性。

文件中心可以是一个将所有欲归档的信息集中起来的一个逻辑管理中心，其物理位置可能是分布式存放在每一个业务系统内部，也可能是存放在档案馆的一个专门的服务器上。网络的使用已经模糊了电子信息的物理位置，只需要按照要求使档案工作者方便管理、方便访问就达到目的了。

在实际利用工作中，并不是所有有价值的档案都会被档案利用者频繁查找，如工程设计或建筑系的人员经常需要查询的是工程图纸类的档案信息，而很少关心财务类的档案，而建筑专业的利用者基本上只查看此类档案的应用软件和浏览工具。正是基于档案利用者的这个根本需求和特点，因此"目录全文关联归档"方案是方便可行的，不需要像"脱机存储法"那样，针对每一类电子文件（档案）信息都记录它们的应用背景、环境信息，使存储介质中贮存了大量的冗余信息，造成资源浪费。但是，为了满足和方便利用者查看其他类电子档案信息，如单位领导可能会查看各类综合档案，"目录全文关联归档"方案采取提供"电子信息背景应用环境"自动下载并提示装载的手段，以满足那些想查看数字档案信息，但其客户机上没有安装运行环境的网络用户的要求。

实施"目录全文关联归档"，要求档案工作者要转变传统的工作方法，从档案利用者的需求出发，分析档案被利用的范围和特点，遵循档案管理的原则和标准，对形成的数字化档案实行即时归档，即将"目录全文关联归档"的思想贯穿于电子档案形成的全过程。档案馆（室）的工作人员也要充分利用现代化管理手段，通过网络开展指导、鉴定、归档与管理工作，将工作重点转移到分析档案利用者的需求、编研与开发档案资源、监控电子文件的形成过程，将工作模式从"被动接收"转变为"主动挑选"，将真正有价值的、值得保存的电子文件转化为未来社会需要参考和利用的档案资源。

档案信息的"目录全文关联归档"方案，充分体现了档案工作者在电子文件归档过程中采取的"主动服务、一体化管理"的全新理念，也保证了归档以后的电子信息能够获得科学有序的管理和提供利用。这种方案已经被很多档案馆所采用，并且推广应用于馆藏档案数字化处理后的目录信息与电子图像信息的管理中，这是目前我国档案信息化工作过程中值得借鉴和采纳的、行之有效的解决方案。

三、档案工作的"双轨制"

各行各业信息化的大力开展，必将形成大量的电子文件和电子档案，但这并不等于档案馆以后就不再接收纸质文件。由于电子档案的法律依据、永久保存和安全管理等方面还存在这样或那样的需进一步探究和明确的问题，而实践经验告诉人们，优良的纸质档案可以保存上千年。因此，在未来相当长的时间里，电子档案和纸质档案将长期共存，二者之间的共存、互动与消长构成了信息时代人类记载历史的特殊方式。"双轨制"将成为21世纪档案工作的主流模式。

"双轨制"是指在文件形成、处理、归档、保存、利用等过程中，纸质文件和电子文件二者同时存在，两种载体的文件同步随办公业务流程运转，同步进行归档、同步进入归档后的档案保管过程。实行"双轨制"的机构，在文件（包括收文、发文和内部文件）进入运转程序时就以电子和纸质两种载体并存的方式对其进行记录，业务人员要对同样内容的两类文件进行并行办理。由此看来，"双轨制"的核心是从文件的产生开始就以两种载体形式记录各项社会活动的信息。这些记录中有保存价值的将作为档案进入归档阶段，同时将纸质和电子的记录一并移交给档案馆（室）。

就网络、电子环境本身而言，尽管它们存在先天的"不安全"和"淘汰快"等缺点，但每一种新的服务器、存储器、数据资源管理系统的出现都会兼容老的版本或者出台新的数据转换或迁移方法，目的是确保原来的电子数据不失效或可读。事实上，之所以很多数字化的文件和档案"读不出来"或"丢失"，究其原因主要是在计算机硬件环境和软件平台升级的特殊时期，没有及时做数据的转换或迁移工作，当属管理上的失职。当然，每一次转换或迁移都有可能破坏档案文件的原始性，或者丢失一些相关信息，这是要实行"双轨制"的根本原因。

彻底的"双轨制"需要投入很多人力、财力、物力，在电子文件形成过程的管理上也很复杂。因此，很多单位采取了"双套归档"的做法。一种是在归档前将办公自动化系统中属于归档范围的电子文件进行纸质拷贝，归档时将二者同时移交给档案馆；另外一种则是对纸质的文件进行数字化扫描和文字识别处理，形成纸质档案的电子拷贝。这样，保存的电子文件可以方便网络化利用，纸质文件则主要用作永久保存，有些单位则采用缩微技术，实现档案的缩微化保存。这些做法不可避免会增加档案馆接收档案和管理档案的复杂性，提高档案管理和保存的成本，但这依然是 21 世纪档案工作的主流方式。随着时间的推移，档案馆保存的纸质档案和电子档案的比例将会逐渐发生变化，但纸质档案将在相当长一段时间内成为馆藏的主要成分。

因此，各档案馆需要根据自身管理档案的特点和所拥有的资金、人才、网络设备资源等状况，选择恰当的档案接收方式，开展档案的接收和档案信息化管理工作。

第二节　文件档案实行一体化管理

计算机的普及，电子文件的产生，各种办公自动化系统的推广和应用，使文档一体化管理真正成为可能。一套新的管理思想、技术和方法将取代过去的管理模式。文件档案一体化管理是文件生命周期理论和全程管理与前端控制思想应用于电子文件管理的典型模式。在网络信息系统中，电子文件和电子档案很难截然分清，各行各业的信息化形成大量的电子文件，在完成其现行业务之后，需要对有保存价值的电子信息进行整理、归档，使其进入永久保存期，这必然使文档一体化管理模式进入实质性的应用阶段。

一、文档一体化管理思路

文档一体化强调电子文件全过程管理的连续性和信息记录的完整性，目的是确保有保存价值的电子文件，自生成开始到生命周期活动结束的全过程，信息能够获得完全的记载和一致的保存。文档一体化管理的思路体现在以下几个方面。

（一）管理过程的互动性

文档一体化最重要的特点是：将现行业务系统的工作与档案工作实现互动与交叉。一方面使档案工作者从文件生成之日起就能够开展鉴定、归档及归档后的管理，通过前端参与和过程控制，加强为社会积累财富的执行力；另一方面也使得开展现行业务活动的工作人员增强了对档案的认知，不仅认识到，只有将有价值的文件完整归档并移交给档案部门进行保管才能算相应的工作真正结束，同时还要意识到，在开展现行业务的过程中，要责任明确、注意积累，记录电子文件活动全过程中所有重要的和有价值的信息，确保电子文件的真实性和完整性。管理过程的互动性加强了多方人员工作中的交流与沟通，对形成和积累有价值的、完整的、真实记载社会活动记录的电子档案具有非常重要的社会意义。

（二）应用系统的统一性

文档一体化管理模式的实现是文件和档案共同依赖统一的管理信息系统，并运行于同构的网络、服务器、数据库管理平台，采取相同的数据、文件存储格式，不同的是管理文件与档案的工作人员对信息系统的操作权限有所不同。在文件的生成、处理、会签、审批等各业务工作处理阶段，业务工作人员拥有对文件的增加、修改、删除等权限，而档案工作者只有查看、浏览的权限。在文件结束其现行期业务工作之后，进入归档阶段时，由电子文件的归档整理人员进行筛选、整理，而档案工作者则开始履行电子文件的鉴定职能，进行归档前的指导工作。在电子文件归档形成电子档案后，档案工作者则需要开展对电子档案的保管工作，并为档案形成单位和社会提供档案的服务与利用。应用系统的统一性使得在从文件到档案的转变过程中，不再需要数据转换和迁移，保持了文件（档案）信息的真实性和完整性，同时也降低了工作人员使用信息系统的复杂性，减少了使用过程中的错误发生率。

（三）工作流程的集成性

在传统的文件管理过程中，文件的形成、归档和作为档案保管与提供利用等环节，都将文件生命周期清楚地划分为三个相对独立的阶段，即现行期、半现行期和非现行期，并通过现行业务工作部门、机构档案室和档案馆三个物理位置不同的部门分别完成各自的工作。而文档一体化则将文件、档案的管理流程实现了集成，要求在一个统一的系统内，有统一的控制中心，统一的工作制度，统一的且各有特点又互相衔接的工作程序，将档案著录、鉴定、保存和管理等工作贯穿于文件的形成、流转、会签、批准或签发、整理、鉴定、归档、移交、保存或销毁等各个环节，实现各个环节中工作流程的集成和信息的共享，而且能够根据不同的文件与处理要求定义特定的工作流程，实现流程的优化和个性化处理，提高工作效率，降低档案接收和保管的复杂性，避免信息的多次录入，降低产生不一致信息的可能性。工作流程的集成性体现在以下几个方面。

1.归档工作与文件处理业务活动的集成

各单位在采用办公自动化系统形成和处理文件时，可以考虑对重要文件贴上归档标记，保证其在处理完毕之后即可存入档案数据库。这个动作被定位为对业务活动最后环节的归档，贯穿于电子文件处理的业务流程的各个阶段。

2.归档工作和鉴定工作的集成

文件形成之日对重要文件做归档标记，是对文件保存价值的一个初始判断，档案工作者在开展鉴定工作时，重点考虑带标记的文件。这样既保证了鉴定的质量，又提高了工作效率，使归档文件的质量控制和文件的技术鉴定工作得以同步进行。

3.归档工作和用户权限设置、数据备份等安全保护活动的集成

归档意味着电子文件管理权由文件形成单位转移到档案保管单位，系统用户对文件的操作权限随之发生变化，另外，归档过程中需要对归档电子文件做电子签章、数据备份，这些工作都可以随着归档工作的结束同步完成。

4.归档工作与档案整理工作的集成

归档的同时，系统将根据预先设定的档案目录信息著录的规则，实现自动分类、自动著录，然后，在人工参与下进行核对、再确认和添加档案室（馆）保管档案的其他元数据项的内容。

（四）业务处理的自动性

文档一体化是在充分信任的网络、计算机和信息系统的数字环境下开展工作，采用信息技术和基于工作流程的管理理念实现的自动化信息系统，不仅提高了工作效率，而且降低了错误发生的概率。同时，在一些业务处理环节增加了系统自动处理技术。由于这些自动化的处理过程是通过系统进行

身份认证之后自动生成并保存记载的，因而，大大提高了电子文件整个生命周期活动中信息记载的真实性和完整性。

（五）归档工作的及时性

通过对文档一体化应用系统的广泛使用，档案工作者能够随时对归档范围内的、已经完成现行期使命的文件实行鉴定、整理、归档和提供利用等工作。

一旦电子文件的形成机构确认该文件已经结束现行期的历史使命，就完全能够实现即时归档、即时鉴定，避免以往通行的隔年归档方式中出现的各种问题，如丢失、泄密、滞后等。

（六）安全管理的有效性

文档一体化，一方面使电子文件归档过程变得简单、快捷，自动化程度高；另一方面使人们对电子档案原始文件与档案目录数据实现了同步管理，最大限度地减少了人工的干预，不仅提高了归档工作的效率，更重要的是大大增强了归档过程的规范性和安全性。至于网络和信息系统带来的安全风险，是能够通过采取各种现代技术手段进行控制的。

二、文档一体化实现方法

文档一体化管理系统的建立离不开计算机与网络技术的支持。现代化的办公系统要求文书与档案工作紧密衔接，实现办公信息的传递、存储、查阅、利用、收集的现代化和自动化。由于受我国文件和档案分开管理传统模式的束缚，迄今为止，办公自动化系统与计算机档案自动化管理系统是两个相互独立的系统。目前，不少名为"文件和档案管理一体化的信息系统"，其实也只是将文件管理和档案管理并列，而非真正将数据集成在一起，仅仅是将办公自动化系统产生的数据自动导入档案管理的信息系统，这绝非真正意义上的文档一体化管理信息系统。文档一体化要求在文件产生阶段就要对归档文件的真实性、完整性、有效性加以控制，鉴定、编目、著录、标引等工作也要在文件产生和处理阶段进行。因此，研发能够覆盖电子文件全部活动，实现文档状态记录和全过程管理的集成系统，将部分档案管理工作前置到公文处理工作中的文档一体化计算机管理信息系统，是实现文档一体化管理的关键。

从文件产生到利用的生命周期的角度来看，文件与档案的关系决定了它们具备实行一体化管理的条件。一方面，现行文件与档案是一个具有内在联系的整体，它们的物质形态、内容主题以及本质结构都是相同的，均是附在有形物质上的信息，其区别仅在于文件是现行文件而档案是历史文件，从现行文件变成历史文件，是一个顺序完成的过程。显然，归档文件与档案只有文件所处阶段的区别而无本质的不同，对处于不同阶段的文件实行一体化管理，是社会发展的根本要求。另一方面，文件形成、处理部门与档案部门只是分别管理处于不同阶段的文件，在文件的产生、流转、审批阶段，文件处于不停的流转过程中，所以需要分散保存和管理，这有利于随时查用和迅速运转。文件分散保存的任务主要由文件产生部门承担。当文件运动周期完成以后，文件就处于"休眠"状态，这时需要集中整理后并归档保存，这样既有利于档案的完整、安全和科学的管理，又有利于向社会各界提供查询利用，这就需要有一个服务机构即档案馆（室）进行统一管理。因此，文件形成与处理部门和档案馆二者都是为了存储、传输和利用文档信息而存在。

从系统学的角度来看，文件和档案的管理是一个完整的信息系统，在这个信息系统中，文件质量的好坏直接决定着档案的质量，档案的质量又对未来文件的形成、收集和整理归档产生推动作用，二者的关系十分密切，相互关联又相互影响。因此，把文件和档案纳入一个统一的系统进行管理，既有利于文件与档案信息资源的系统化优势的发挥，又符合档案馆（室）现代化管理的快速发展需要。

（一）文档一体化系统业务流程

文档管理的实际办公过程比较复杂，这里以公文产生、流转、审批、归档为例说明文档一体化管理的业务流程。有保存价值的电子文件经过整理、鉴定、审核、移交、归档到档案部门管理后，形成电子档案。

（二）文档一体化系统功能结构

通常情况下，文档一体化管理信息系统的功能包括系统维护、收文管理、发文管理、归档管理、文印管理和档案管理。这几个模块相互关联，内部信息集成化共享，真正实现了从电子文件到电子档案的自然归档和一体化管理。

1.收文管理

收文管理是指以电子文件的形式处理和记载上级公文、平级来文，档案工作者可根据公文的登记日期、急缓程度、当前流转状态等过程信息快速有效地找到相关文件并进行相应的操作，主要包括收文登记、收文流转、文件催办、流程监控、文件发布等过程。

2. 发文管理

发文管理是指处理并转发内部制定的或外来的文件。电子文件起草后，均需逐级通过各主办与会签部门人员的审批和修改，最后提交领导签发，形成正式的公文，然后登记、归档。主要包括发文起草、发文流转（含修改留痕、文件套红）、文件催办、流程监控、发布等主要工作。

3. 归档管理

电子文件的归档大多采用以下两种方式，一是通过机构内部局域网的电子公文传输系统从网上实现自动归档，经过归档环节后，电子文件的管理权就移交给档案管理部门，成为电子档案。此时，其他业务人员能够按照系统授予的权限查询电子档案，但不可以修改。档案在归档环节中，系统需要设定各种技术措施如电子签章、完整性验证等手段来确保归档的电子文件是有效的、完整的。这种方式是文档一体化系统内部自动实现的功能，档案管理人员只需要按照系统使用要求进行合理的操作。关于系统的数据备份、安全性等措施需要按照档案法和电子文件归档标准与规范严格进行管理和实施，在系统设计之初，档案业务人员就需要提出充分的需求才能保证文档一体化管理系统功能的完整性且符合实际工作的要求。二是各立卷部门在向档案馆移交纸质档案的同时，上交电子载体存储的各种信息，如磁盘、光盘等。这种方式主要用于一些重要的凭证性或机密性电子文件的移交，归档后的管理也应采取相应的物理隔离措施和安全防护方法，特别是涉密档案不能存储在网络上，防止泄密。

4. 档案管理

根据国家版本的电子档案归档与管理的相关标准，执行档案的移交、接收、审核、保存、管理、查询、统计以及提供服务利用等工作。档案形成机构可根据档案的信息类别或档案来源建立相应的档案信息资源库，并可根据归档年度、归档部门或档案实体分类等建立快速检索机制，方便借阅和提供利用等工作的开展。

（三）电子文件网络化归档的真实性保障方法

电子文件的归档过程包括电子文件归档产生的数字化档案信息（以下

简称增量数字化档案信息）的形成、归档、管理和利用四个重要阶段，每个阶段都需要采取各种策略和方法保障档案信息的真实性。

现行期电子文件是增量数字档案的原生信息，这个阶段档案信息真实性保障的主要责任人是电子文件连续被处理的多个现行业务工作者。信息系统中常采用的技术保障措施是电子签名、日志跟踪、计算机处理等，在信息系统中记录和保存电子文件的形成、流转、审批到结束现行期业务全过程的原始信息和变动信息，形成电子文件的多个过程版本，并在终稿完成后，在档案专业人员的指导下，及时开展电子文件的归档工作。电子文件在现行期的任务结束后，其真实性风险因素主要取决于人为原因造成修改或者网络黑客有意篡改系统中记录的原始信息、过程信息和终稿内容。因此，保障真实内容的安全方法是建立电子文件的终稿转存库，利用信息系统的自动化处理功能，实现电子文件从现行期系统中自动转入半现行期，采取各种有效措施确保终稿的电子文件不被任何人修改。因此，在电子文件现行期，信息系统应发挥其自动化功能，采用电子签名技术加强对访问该系统的用户身份的认证，在文件终稿形成并进行发文或归档前加盖电子公章以避免被修改。

进入归档阶段的电子文件，如果采取网络化归档方式，应重点防范网络上非法访问的篡改行为，降低网络传输过程中数据被修改的可能性。这个阶段，建立客户信任的专网传输通道是必要的也是很有效的，利用公网传输的用户可以考虑采用VPN技术实现网络化归档，充分利用VPN的数据加密、身份认证、访问控制、隧道封装技术等，以保障档案信息从信源真实地传送到信宿。对于密级较高的数据，采取介质归档比较稳妥。当然，在这个过程中，归档单位对档案工作者工作的管理制度和规范化操作要求依然是非常重要的。在这个过程中，档案专业指导人员的重点在于监督执行，并严格控制人工原因造成的失误。

档案形成单位在移交电子文件时，需要采取法律上认可的电子签名、电子印章等方法保障准备移交的电子文件的真实性，档案馆（室）在接收档案时应首先验证电子签名、电子印章的合法性，并将归档的信息与电子文件终稿转存库中的信息进行比较，在核实其是真实、完整的后，才能正式接收电子档案并将其迁移到档案馆的信息管理系统中。此时还需要在实行物理隔离的档案信息的灾难备份数据库中新增当前的档案信息，再开展维护管理和提供利用等工作。

提供利用的档案信息按照档案法、国家保密法规和档案保管条例，一般只在网上提供公开档案信息的服务利用。在档案工作者严格执法和规范化操作的前提下，破坏档案真实性的风险因素主要来自网上非法用户的恶意篡改、病毒攻击等，因此在提供档案信息网络化利用时，除了加强网络安全防范措施外，还需要对公开档案信息采取灾难备份，并定期对网上提供利用的开放信息进行真实性核对。

由此可见，档案馆（室）制定各个阶段电子文件真实性保障的规章制度将贯穿电子文件生命周期的整个活动过程，建立物理隔离的电子文件终稿转存库和档案信息的灾难备份库是保障档案真实性的有效措施，虽然会增加信息化系统的运行成本，但在确保档案信息真实性方面是非常有效的，也是可行的。

三、文档一体化深化应用的要求

实现文档一体化管理是信息时代档案工作的全新管理模式，是适应电子文件、电子档案管理发展的必然要求。文件、档案一体化管理的最佳实践是，在组织机构内部建立功能涵盖电子文件生命周期业务活动的管理信息系统。

文档一体化的实现，使办公业务实现自动化、规范化，档案管理日趋现代化，具有电子文件从起草时就备份、从办文时就修正、办完后就归档、鉴定及整理等工作都能依靠计算机实现互动管理等优点。当然，开展文档一体化管理工作，对档案工作者也提出了更新、更高的要求，要求工作人员不仅要具有丰富的档案专业知识，还必须掌握现代信息技术，熟练地使用计算机及通信设备。

（一）提高认识、统一思想是文档一体化管理的基本要求

文档一体化的实质是将机构各部门相对分散独立的文件与档案统一为一个有机的整体进行管理。这不仅能够加强档案部门对文件管理的超前控制，保证档案的质量，而且能够实现文档数据的一次输入，多次利用，减少重复劳动，节约人力、财力、物力和时间。然而，要想真正实现文档一体化管理，对档案工作者而言，特别是档案部门的领导，必须对文档一体化管理理念有一个全面、客观、科学的认识，并达成共识：使其充分认识到一体化管理的真正受益者是档案工作者自身，认识到新时期文档一体化的必要性和

紧迫性，认识到这是时代赋予当今档案工作者的使命。只有这样才能够顺利推行文档一体化管理，加强档案工作者的自觉性，使他们面对困难不逃避、不退缩，勇于接受新鲜事物，逐步实施和应用文档一体化管理模式来开展各项业务。

当然，信息化工作是一个长期而复杂的系统工程，需要各单位投入必需的经费支持，这就要求各单位应逐渐增加对档案管理部门的投入（包括人才、资金、设备等），落实档案事业经费，高度重视档案信息化建设，把档案信息化作为机构信息化建设的一个重要内容来抓，统筹规划，同步发展，提高档案管理的工作质量和效率。

（二）加强电子文件管理的标准化与规范化

文档一体化管理，使电子文件与电子档案之间的关系更加密切，把二者放在一个综合的管理系统中，作为前后衔接、相互影响的子系统，统一地组织和控制整个文件生命周期的全过程。由于文件管理与档案管理的这种前后相承的关系，文件管理直接关系到档案管理的存在和发展，只有文件管理做到标准化、规范化，档案管理才能够顺利地展开。如果文件管理无章可循，紊乱不堪，可以想象档案管理各环节也会陷入忙乱无序的状态，这也会影响综合管理信息系统整体功能的效用。因此，必须强化电子文件管理的标准化、规范化，严格规范表现文件内部特征和外部特征信息的各项数据，为更好地推行文档一体化管理服务。

（三）加强培训和继续教育，提升档案工作者的综合素质

文档一体化管理要求档案工作者不仅具有档案学基础理论知识及专业知识，还必须掌握现代信息技术，熟练运用计算机及现代通信设备来操作网络化管理信息系统，要求档案工作者不断调整自己的知识结构，提高技能，加强对综合素质的培养。如果不熟悉计算机，不懂网络知识，根本无法接受文档一体化管理思路，更无法开展电子档案的管理工作，也不可能参与到电子文件管理的全过程中。因此，加强档案信息化培训，开展现代档案管理专业知识和档案信息化技术知识的继续教育，是档案部门迫在眉睫的任务，也是实现文档一体化管理的前提。

第三节　推动馆藏档案的数字化应用

为满足公众网络化查档和档案信息化管理的多元化需求，馆藏档案数字化和开展档案数字化应用系统的建设已成为现代档案管理的一项重要内容。对档案工作者而言，这也是一项全新的任务，需要在充分认识到馆藏数字化重要性和必要性的基础上，采取有效的策略和方法，开展馆藏档案数字化系统的建设和有效使用。

一、馆藏档案数字化的意义和任务

馆藏档案数字化工作主要包括两项任务：一是将传统载体档案目录进行数字化；二是将档案内容进行数字化。

档案目录数字化的主要工作是对载体档案进行编目，并将目录信息录入计算机系统中，建立档案目录数据库，利用管理信息系统实现档案目录数据的计算机化管理和目录信息的资源共享。

档案内容数字化的主要工作是将馆藏的纸质、照片、录音、录像、缩微胶片等档案通过扫描、加工、处理（包括去污处理、图像处理、OCR 识别等），转变为文本、图像、图形、流媒体等数字格式的信息，存储在网络服务器中，利用计算机及信息系统提供查询、检索和浏览服务。

二、馆藏档案数字化的思路与方法

"一切为了用"是开展馆藏档案数字化的主要目的。这就说明了档案馆工作人员不仅要开展档案目录信息的著录、馆藏档案内容的数字化加工与扫描工作，更需要建立一套完整的综合业务管理信息系统，加强数字化后的档案信息的利用服务工作。由于馆藏数字化需要花费大量的人力、物力和财力，加之数字化加工过程对档案原件也会有或多或少的损害，所以，不能盲目地赶潮流、追先进、不分先后、不讲策略地将馆内所有档案逐渐进行数字化。

（一）做好馆藏档案数字化的前期基础工作

需要对哪些档案进行数字化、采取什么方法来开展、数字化加工需要购买哪些设备、除此之外还需要做哪些准备工作以及如何做等，都是馆藏数字化的前期基础性准备工作。

1. 做好可行性论证

要根据档案利用的需要、资金情况、馆内人员知识结构、馆内软硬件平台、馆内信息化应用现状等基本状况，在充分了解和认识馆藏档案数字化系统建设的复杂程度和技术要求之后，做好馆藏数字化系统建设的可行性论证工作，确保系统建设自始至终不被中断，确保数字化后的档案信息能够真正被利用起来，见到实效。

2. 选择数字化加工方式

数字化是保管档案过程中所做的一项技术性较强的现代化处理工作，这对习惯了传统管理工作的档案工作者来说，具有较大的难度。因此，需要提前做好规划，明确系统建设的实施方案。主要包括：馆藏档案数字化系统分几个阶段完成，每个阶段的任务和目标是什么，应对哪些档案做数字化加工和处理，数字化加工处理过程中在安全控制、进度控制、质量控制和成本控制等环节应采取哪些方法与策略，数字化后的档案信息如何与现有的计算机信息系统实现集成，如何发布档案信息以提供利用，如何解决备份和长久保存等问题，这些都需要提前做好解决方案，并在档案工作者和数字化加工协作人员之间达成共识后，才能开始工作。边加工边讨论的方式只会导致工期拖长、见效缓慢、安全性难保障，甚至导致项目失败。

对馆藏结构、馆藏量、馆藏利用量、馆藏档案年度、馆藏档案受损情况、档案存储介质、各存储介质的寿命等综合因素进行深入的分析，围绕档案永久保存特点、用户快速查档和高频查档的要求进行深入的研究，按照档案利用率和档案的紧急保护程度对库房档案进行量化分析，获得按年、季、月进行排序的需要进行数字化处理的档案案卷数量、纸张数量、纸张大小以及声像和缩微胶片的档案数量等，并以此来提出对购买设备的种类、数量和性能的要求。

如果档案馆内有缩微档案且数量比较大，以后还会有进馆的缩微档案，就需要考虑是否购买缩微扫描仪，以解决长期的缩微品数字化的问题；如果数量很少而且以后也不会有缩微档案进馆，那么就不需要购买专用设备，可以考虑采用一次性的外协加工方式。录音、录像档案数字化方案也采用同样的分析方法，根据具体情况考虑是否需要购买专用设备并建立数字化加工流水线等事项。

多数档案馆藏以纸质档案为主，因此，建立纸质档案的数字化加工流水线几乎成为必需，当然各档案馆（室）也可以根据自己的实际情况，不购买扫描设备，而是采取分批分工的外协加工方式，只需要对加工后的数字档案信息进行科学管理，利用信息系统提供利用服务。这也是一种推荐的馆藏档案数字化加工的解决方案，特别是在数字化加工量比较大时，即便是在馆内建立数字化加工流水线，如果没有聘用足够的扫描加工工作人员，单靠档案馆内部工作人员很难在短时间内完成加工任务，达到良好效果，而专业化的外包加工服务能够在保障质量和安全的前提下快速完成任务。

（二）确定数字化加工的协作模式

档案内容数字化工作包括数字化预加工和深加工两步。预加工是能够将纸质档案、照片档案、缩微胶片等转变为电子图像文件，而不能将纸质档案上的文字信息进行完全处理；深加工则是利用技术含量较高的 OCR 和语音识别等处理技术获取载体档案中的文字信息，以利于提供全文检索服务。

馆藏档案数字化工作量大，涉及扫描加工、图像处理、数字信息存储与管理、OCR 自动识别等技术，仅依靠档案部门的力量开展系统建设是很困难的事情。

在系统建设之初就需要开展需求调研与分析，考虑需要购买哪些硬件设备和软件支撑系统以及系统能够实现的自动化程度等，这必然需要开展大量的咨询、诊断和分析等工作，聘请有经验的、开展数字化加工的专业服务机构来协助档案馆开展系统规划是非常必要的。

开展数字化加工，首先要建设一个能够支持加工过程各环节进行数据管理的信息系统，再基于该系统有条不紊地开展工作。只有熟练操作和使用各类数字化设备的加工服务人员才能确保速度快、质量高，确保工作的有序开展。

数字化加工完成后，对生成的各类电子图像、原文信息、档案目录数据等都需要做关联处理，而且需要以光盘或者网络存储方式进行发布。

信息发布本身也是一个系统，需要专门开发，如果采用成熟的软件将会大大缩短数字化后的档案数据的呆滞时间。目前，市场上开展数字化加工的专业 IT 公司已经在信息系统建设、加工流水线、安全保障等方面开展了大量的工作，积累了较为丰富的经验。借助于这些 IT 公司的力量来开展馆藏档案数字化是一个省时、省力、省钱且相对安全高效的方式。

（三）保障数字化档案信息的真实性

在馆藏档案数字化过程中，数字化档案信息的真实性、完整性保障主要体现在档案实体的扫描加工和档案目录的数字化两个方面。

1. 扫描加工过程中的真实性保障

在馆藏数字化档案信息形成、管理和提供利用的过程中，制定保障档案信息真实性的规章制度是非常重要的管理措施，各个阶段的安全保障侧重点不完全相同。

在数字化加工的档案信息形成阶段，加强对数字化加工人员的管理是非常重要的，其中最重要的是，不允许将档案带出加工基地。另外，数字化承包商为了保证信誉也需要制定严格的加工基地管理措施，可采用半军事化、流程化、自动化以及岗位责任制等用以强化管理、反抄袭的管理模式，杜绝档案信息在处理过程中人为外泄。在档案信息形成阶段，信息真实性的风险因素表现为技术上的不成熟因素，如扫描过程信息丢失、图像到文字转换过程中产生错误识别等因素，因此采取较高的技术手段是完全可以保障信息的真实性的。由于每个过程、每个岗位都会将数字化后的档案信息与档案原件进行比较，而且参与加工的人员主要从事体力劳动，一般不雇用文化程度较高的人员，他们对档案不是很了解，甚至无心了解，因而，这个阶段档案信息真实性的保障主要是采取先进的技术手段来减少误差。

在数字化档案信息的管理和提供利用阶段，这与电子文件归档后进入该阶段的管理相类似，同样利用灾难备份库对馆藏数字化后新形成的档案信息进行备份，并在管理和提供利用的过程中加强网络安全管理，提高档案馆内部管理人员操作的规范性和管理工作的程序化，制订自动核对计划，确保档案信息的真实性。

2. 数字化档案目录信息的真实性保障

数字化档案目录信息一般都存储在数据库文件中，它的安全性主要取决于数据库管理系统自身的管理能力，它的真实性主要取决于档案管理员依法管理档案的严格程度。这一部分数据是管理人员根据档案原件提取出来的、用来描述档案原件核心内容的元数据信息（也可能是电子文件自动归档过程中通过预先设定的规则自动生成的、描述文件属性的元数据信息），它并不像档案原件那样具有凭证性作用，它只是为了方便管理和快速检索而形成的，并且在以后的管理过程中某些信息可能会改变。因此，对于它的真实性，并不像人们对档案原件数字信息的要求那样高，但为了不产生负面影响，要求档案目录信息的著录人员应依据档案管理学理论，按照档案著录的标准和规范严格要求自己，严格保障目录信息的真实性，从而更有效地提高档案的检索和利用效率。

（四）加强数字化档案信息的整合与集成

馆藏档案数字化和电子文件归档后，产生了大量的数字化档案信息，如果只将其刻录于光盘或存储在磁盘中，不提供系统化的档案利用服务，是错误的和无意义的，也不是馆藏档案数字化的真正目的所在。一些档案馆在开展数字化之前就使用了档案管理信息系统来管理档案的目录信息，并在馆内提供档案目录信息的检索服务，也有一些档案馆在开展数字化的同时也建立起电子文件归档系统，收集电子文件并整理其目录信息，还有些是将馆藏档案数字化作为档案信息化的启动工程。但无论是哪种情况，都需要处理好当前档案馆面临的电子文件归档、馆藏档案数字化和对传统载体档案管理的业务关系，对这三项主要工作形成的数字化档案目录信息和档案内容对象实行同步管理。档案有纸质备份的或纸质档案有数字化拷贝的，都需要做关联处理，即档案内容的一致性管理。否则，在档案馆分别建立电子文件管理系统、馆藏档案数字化管理系统、纸质档案管理系统时，必然会造成系统间数据重复，甚至不一致，从而增加管理的复杂程度。

21世纪初，我国的各级各类档案馆正处在纸质档案与电子档案并行接收和管理的特殊时期，传统载体档案的目录数字化需要信息化管理，馆藏档案数字化后形成的图像文件需要信息化管理，电子文件归档后形成的电子档案也需要信息化管理。因此，当前档案工作的复杂程度相对较大，需要制定科学的管理制度，梳理管理流程，加强对档案实体和档案数字化信息的集成化管理。只有这样，档案工作的效率才会得到较大程度的提高，档案信息才能得到有效的利用。

（五）保障数字化档案信息的存储安全

数字化档案信息的安全管理是档案信息化应用的前提条件。档案安全管理的重要性是由档案本身和档案管理的性质决定的，档案信息化建设必须充分考虑电子环境、应用系统和档案数据存储等方面的安全问题，正确处理方便、高效使用与安全管理的关系，不能因过分考虑安全而限制了档案信息的网络化传输与使用，这样将大大降低网络化应用系统的使用价值。对于数字化档案的网络化存储系统，一方面要求使用带有自动备份功能的专用服务器和数据库管理系统，能够配置备份作业计划并安全执行，如光盘库、磁盘阵列、专用网络存储设备等，对备份信息能够实现数据的迁移和方便的恢复；另一方面也应同时使用安全介质备份，定期刻录（复制）备份信息，实行异地保管。

当然，数字档案的安全保障更需要建立健全管理制度和安全操作规范，实行有效的网络安全管理手段和措施，采用严格的授权管理解决方案。从档案内容的安全管理角度来说，应充分考虑以下基本的安全保障原则。

1. 密级区分原则

对保密档案信息实行物理隔离并将责任落实到人。

2. 内外区分原则

将开发档案信息与受控使用的档案信息进行区分。

3. 用户区分原则

对档案形成人员、档案管理人员和公众用户分别设立不同的使用系统和浏览数据的权限。

4. 系统区分原则

将档案馆内部使用的档案管理信息系统、电子文件归档系统、档案信息发布与利用服务系统、行政规范性文件管理系统等加以区分，严格控制各自的安全操作权限。

（六）提供数字化档案信息的方便利用

馆藏档案数字化的一个根本目的是方便利用，如果将数字化后的图像刻录成光盘存放在库房中，与纸质档案采用同样的管理方式，那么数字化的效果就很难体现出来。只有真正将档案的数字信息放在网络环境中，提供网络化的高效服务，才能确保投资有收益。

第四节 推动档案资源的社会化利用

在信息社会和知识型社会迅速发展的 21 世纪，在档案信息化建设与发展的众多方面，无论是技术手段，还是信息资源的有效积累和广泛利用，都必将以档案信息资源的整合、集成、共享、利用为出发点和落脚点，以传承人类文明，共享信息资源，实现社会的可持续健康发展。

一、档案资源的知识化积累

档案的形成（鉴定、收集、整理与归档）是从个体知识到组织知识，再到社会知识转换的文化积累、动态跟踪的历史记载过程，档案的开发与利用（编研、开放、发布与利用）是人类传承文明、创新发展的进步与发展过程。这两个相互衔接、彼此推动的过程循环往复、推陈出新，构成了人类社会的知识化动增长和社会化自适应的档案资源不断丰富的过程模型。这表明了档案文化通过"传—承—积累—发展—传"这样一种类似于文化加工厂的生产工序，随人类自身的繁衍而形成民族文化生生不已、无始无终的传承环链。

21 世纪初，我国的电子政务与各行各业的信息化已经进入了以知识管理为核心的快速提升和综合运营的重要发展阶段，信息技术的发展把知识管理推到了重要的位置，"以知识为基础的经济社会"的提法更表明了人们对知识和技术在经济增长中的作用有了更充分的认识。可以想象，未来的互联网是一个丰富多彩的"知识网"，是一个储存综合知识的文化资源大仓库。档案作为人类社会活动的原始记录者和忠实承载者，记录了人类社会成果的同时也揭示着人类文化，它是民族文化遗产的重要组成部分。同时，档案在文化传承中占据着举足轻重的地位，发挥着不可替代的作用。

二、档案资源的共享化利用

社会信息化使档案信息资源面临着一个全新的生存环境与发展空间。档案资源唯有回归社会，得到最大限度的利用，才能体现档案保管的价值和作用。事实告诉我们，实现档案信息资源的集成化管理和共享化利用是档案贴近公众、服务社会的最佳解决方案。

要实现档案信息资源的共享化利用，首先必须在档案基础数据库的建设上下功夫。构建档案基础数据库是建设数字档案馆和开展档案信息化的基础性工作之一，档案基础数据库是实现档案信息资源集成共享、统一管理、高效检索和方便利用的基础信息存储结构，更是国家信息资源数据库建设的重要内容。今天，我们处于信息技术快速发展的知识经济时代，国家、城市综合服务资源库的建设是社会发展的需要，是加强政务公开、实现便民服务的一项基础性工作。我国已经在人口、法人单位、空间地理和自然资源与宏观经济四大数据库的建设方面取得较大成效，档案作为人类社会活动的历史记载，档案资源的开发利用和档案基础数据库的建设是国家信息资源建设的重要组成部分。可以说，档案基础数据库的建设已经成为各级各类档案馆面向社会提供档案资源利用服务的基础工作，成为我国整合档案信息资源、弘扬民族文化、提高民族素质的历史性课题，同时也是档案工作者利用现代化手段记忆当今社会改革、建设、发展的真实过程，支撑社会经济发展的历史性责任和义务，更是政务公开、提高办事效率和促进科学决策的依据。

在我国，目前也有一些省市级档案馆已开展数字档案馆建设，制定了符合各地区需求的数字档案的元数据格式规范，建立了档案目录中心，提供部分开放档案信息的检索服务功能，具有典型示范作用。比如福建省档案基础数据库建设，它是基于分布式数据库，在原来单机和局域网络的基础上开发完成的，它连接了若干分布式数据库，并建立了档案目录数据库、档案内容数据库等。但是多数档案馆还没有真正建立全面的、系统的、面向公众查档需求的档案基础数据库，而只是建立了一些专门的特定主题的数据库，只能满足一些局部或特定的用户需求，特别是开放的档案信息资源没有实现集成，信息结构不统一，档案数据不系统、不完整、不能共享，更为严重的是，没有形成统一的、能够描述数字档案资源的格式规范和建设档案基础数据库的标准方法以及实现档案资源整合、组织与存储的技术方案和行之有效的建设思路。另外，建设档案基础数据库的关键技术，如海量、非结构化的数据存储解决方案、基于知识管理的数据仓库和数据挖掘等技术尚未在档案信息化领域得到广泛应用，这些因素都大大降低了档案基础数据库建设的速度和质量，致使各类档案资源难以形成一个统一的资源库整体，限制了对档案资源的深层次挖掘和广泛利用。因此，研究档案基础数据库的元数据标准集、数字化档案信息的格式规范、档案基础数据库的建设思路和方法以及各类结构化和非结构化档案数据的组织、存储和检索利用的关键技术、整合方案与提供检索服务和共享利用的有效机制等，将成为当前档案馆信息化建设重要的基础性工作。

三、档案信息服务机制变革

随着各行各业信息化进程的加快，档案馆信息化应用也逐渐走向更广、更深的领域。档案信息服务将不再拘泥于传统的、单一的方式，而是会有所创新，趋向多元化发展。

（一）服务方式由被动性向主动性转变

改变传统的被动服务方式，积极主动地开展档案信息服务工作。长期以来，在档案信息利用上，总是遵循着一种传统的服务方式——"等客上门"。这实质上与信息社会的发展极不协调，不利于档案信息价值的体现与发挥，封闭了档案信息表现价值的众多途径。而档案信息服务方式也必须考虑到档案的特性，"送货上门"也是不行的。档案信息的主动服务方式应该是"请客入门"。

具体措施如下。

第一，开展针对档案利用者的利用需求研究，主动提供档案信息利用，广泛、深入地研究不同方面、不同层次的利用者。

第二，进行必要的档案宣传工作，社会对档案还没有形成广泛的认识、了解，利用它也就无从谈起了。

第三，提供多种档案信息利用方式：编制多样化的检索工具，形成一个全功能、高效益的检索系统；加强编研工作，编研成果的出版发行及交流，能将档案价值的精华系统、全面、集中地向社会公布；拓展档案信息中介服务机构，向档案信息利用者提供有效捷径。

（二）服务手段由传统型向现代化转变

计算机网络技术、数据库技术以及多媒体技术的发展使得档案信息服务手段发生了巨大的转变。借鉴相关学科数字化发展的研究成果，实现档案管理现代化应借助于数字化综合管理信息系统，把分散于不同载体、不同地理位置的档案信息资源以数字化的形式储存，以实现对对象管理的模式管理，以网络化的方式互相连接，从而提供即时利用服务，实现档案信息资源共享。我国是发展中国家，经济和技术条件的制约决定了档案管理手段转变的长期性，传统的档案馆信息服务技术与服务手段将在一定程度上被扬弃，而以新的信息传播循环方式提供档案信息服务。

（三）服务内容由单一型向多元化发展

通过网络等信息技术与其他档案馆、信息机构及整个社会信息资源建立起紧密的联系。其信息服务将增加新的内容，诸如档案信息资源的网络化组织管理、档案信息资源的网络导航、档案信息的数字化开发与提供利用、档案用户的教育培训等。例如，在档案利用者的教育培训方面，就要在对利用者进行传统档案检索和获取方式的培训的基础上，重点帮助利用者学会如何利用数字化信息资源、如何选择档案信息数据库、如何从网上获取所需的档案信息、如何操作远程通信软件等。档案信息组织方式、检索方式、采集方式，较其他类型的文献信息来说，具有复杂多样、技术含量高、对利用者信息能力要求高等特点，而我国熟练使用档案信息系统的人很少，所以对档案利用者的信息检索能力、信息获取能力、信息筛选能力、信息识别能力的培养是档案信息服务的一项重要内容。

（四）档案资源由封闭性向开放性转变

在网络环境下，档案馆信息服务资源已不再仅仅局限于馆藏档案信息量等指标，而是着眼于档案馆获取档案信息、提供档案信息的能力。所以档案馆在充分开发利用本馆馆藏档案信息外，还必须通过网络检索利用其他档案馆馆藏信息和网上信息资源。

建立档案信息资源的现代化管理系统，将档案信息纳入计算机网络，从而达到最快捷的信息资源利用效果。通过网络等信息技术实现档案信息价值的最大化，并最终取得档案信息服务于社会的最佳效果。这需要一个过程，即从单机操作到建立档案管理信息系统网络、连接有关信息机构网站，最终并入国际互联网。从我国现实情况来看，这将有一个长远的过程，然而这必将是档案馆信息服务发展的终极目标。

（五）档案资源由单一型向多样性转变

档案馆提供的单一信息服务的资源是以收藏纸质档案为主要内容。在网络环境下，档案馆综合信息服务模式的服务资源则要朝着多种载体形式并存的方向发展，包括各种电子文件、光盘、多媒体、缩微载体和声像载体等，尤其要加强数字化馆藏资源的建设。网络环境下的数字档案馆所拥有的完整的馆藏含义应该是"物理实体馆藏＋数字化馆藏"。我国档案馆在档案信息数据库建设方面的任务是：在保留传统档案文献的同时，应通过协作与协调，在一定程度上对馆藏资源进行数字化，要注意将各馆具有独特价值的馆藏文献数字化，制成光盘或在网上传播，使各馆网上信息独具特色，并在此基础上形成一个档案信息网络。

四、档案文化产业的形成与发展

随着社会物质文明的进步与发展，追求精神上的享受已经成为一种时尚，甚至成为人们生活的必需。我国文化产业的发展起步较晚，但在教育、体育、旅游、出版业、娱乐表演、媒介广告、影视以及印刷、中介、经营、管理、咨询等方面已经形成规模，有相对完整的运作体系。现在国内很多著名的城市，如北京、上海、昆明等，已经将文化产业和信息产业列为城市发展的两大支柱产业。这充分说明了新时期文化产业的形成与发展已经成为我国国民经济发展的重要内容。档案作为网络时代重要的信息资源，在现代知识经济型社会中起着越来越重要的作用，档案业务的开展正在被推向新的工作模式，档案文化的发展也被置于一个全新的市场背景之下。

具有深厚文化底蕴的档案，其固有的知识性、价值性、信息性、凭证性决定了档案是全社会重要的文化资源，具有潜在的开发利用价值和市场需求，这是档案文化产业能够形成的先决条件。这里，我们试图按照文化产业的运作规律定义档案文化产业的理想模式：档案文化形成产业必须具备基础环节且这些环节之间存在协调互动的关系。

收集和整理、鉴定和归档业务是档案文化产业链的生存基础；不断积累和丰富的档案随着社会的发展和时间的推移，成为宝贵的社会资源，对它进行深挖掘、细加工和全方位的开发利用是使档案资源价值增值的基本手段，因此，专业化的编研与开发是产业链活动过程中最重要的内容之一，也是将档案资源转变为文化产品的重要环节；商品化运作是人们认识档案文化产品的根本途径，一个事物只有经过流通环节才能变成人们熟知的商品，才能被消费、被吸收，也才能产生更高层次的需求，这是产业链能否形成的核心因素；需求流（即市场信息流）、资源流和资金流贯穿档案文化产业发展的全过程，缺一不可；档案文化产业链中每个环节点上的活动可以自成体系，各个环节协调运作是档案文化产业链持续存在和良性发展的基本保障。

档案文化产业的发展与壮大将会提升人们对档案资源的认知，将会吸引更多的投资者，借助于档案文化产品产生越来越多的社会效益和经济效益。

全球经济一体化使得档案文化产业的形成具备了充足发展的条件，但要真正发展起来，形成以档案文化产品为服务对象的产业化服务，还需要根据我国档案事业发展的具体现状，适时、适度地开展，同时也需要看档案从业人员和相关领域的工作人员能否抓住机遇，迎接挑战，开展各项有益于社会发展的档案文化宣传和利用活动。当前，我国的档案事业已经在以公益性档案服务事业为主的基础上，开始了商品化档案文化产品市场的开发与发展，这是适应全球经济发展的重要举措。然而，为适应社会的进步与发展，我们还需要进一步在档案事业和档案科学领域中不断地探索和思考，不断地创新和发展。

（一）更新观念，关注现实，按照先进文化的理念管理档案

按照先进文化的理念管理档案是摆在我们面前的极其重要的任务，也是历史赋予我们的重任。在理论上有所突破的同时，更应关注现实实践的探索与应用。就档案文化产业的功能而言，主要体现在利用档案资源为人类的各种活动提供服务上，而不在于其能否盈利和在多大程度上盈利；其服务的对象应该有社会性和广泛性，应该包括对社会各阶层、各领域的服务。当然，这种服务有一部分应该是有偿的，但其公益性决定了必须是微利的。事实上，档案的有偿服务已经在档案利用方面体现出来。可以预言，今后可能建立起多种收入渠道。档案有偿服务是一个十分复杂的问题，盈利在现阶段很难作为档案文化产业建立的前提，档案文化的发展也不可能靠档案部门自身的有偿服务来维系。

（二）以政府改革为契机，调整工作体系，转变职能，创新档案文化发展体制

档案管理体制改革势在必行，应以政府改革为契机，调整档案工作体系，转变职能，适应知识经济时代档案文化发展的需要。可以考虑将学会改为协会，发挥协会工作制的积极作用，将教育培训、沟通协调、评估等协同工作交给协会来开展。政府要把档案工作列入经济社会发展计划，要用法律形式将各地方或专业协会的职能固定下来，以协会为纽带，以档案馆(室)为实体，加强档案局的执法监管力度，重构新型的档案管理工作体系。从功能上讲，

档案局的工作重点应放在如何保证国家对档案的依法管理和国家对档案资源的所有权上，主要职能是要体现依法监管和服务。档案协会是以服务为主、监管为辅的行业组织。档案馆是档案工作实体，作为协会成员，应履行会员义务，缴纳会费，得到协会提供的服务，并接受协会监管。同时，协会也是档案工作或从业人员利益的保障组织，在依法治档和保守国家秘密的前提下开展活动。

（三）以信息化为手段，促进档案行政管理体制改革

现行的档案上解制度、馆藏优化工作是长期未解决的重大课题。信息化工程的实施可以将档案的实体管理与信息管理实现物理分离，改变或取消多年沿袭的档案上解制度，仅此一举，就能为档案工作节约巨大的人力物力。在目前情况下，档案信息的网络服务则能从根本上打破多年来档案重保管、轻服务的现状，根本改变人们对档案工作的认知程度，这对开发档案信息资源意义十分重大。我国信息化的理论和实践都证明，在实现管理机构的扁平化、提高行政效能等方面，信息技术起着重要的能动作用。就行业特点来讲，档案也是发挥信息化功能最好的应用领域之一，依靠信息进行决策依然是档案高层管理的主要理念，特别是办公自动化与电子文档管理的集成，现在和将来都是政务与企业信息化的重要方面。档案信息又成为各类数据仓库与决策支持系统的基础数据组成部分，为电子政务所必需。

（四）开展旨在建设先进文化的各类档案收集、利用、宣传、服务活动和项目

当前我国档案文化产业活动主要依靠政府财政拨款的支持，在一个较长的时期内，仍会以这种方式为主。目前，各类档案文化活动相继开展，如教育、展览等活动取得了比较好的社会效益。重大事件和个人档案的征集工作也有了新的突破，但在认证服务和各类提供凭证性的服务工作中，其作为档案部门的特色服务仍无章可循，存在很大的随意性。在现有机制下，档案的收费服务规定也不统一，主要是科技、教育及文化档案本身的市场化利用没能反映知识产权的价值。在以后的改革和新的管理体制下，这些方面应该有所突破。今后，在档案服务方面，通过网络计算机提供的档案信息服务将成为档案文化服务的主流，这种服务无疑是面向全国经济政治的各个领域的，其范围也将是全国化和国际化的，如果没有市场化运作的保障机制，将

是不可能实现的。

（五）提高档案工作者或从业人员的综合素质

提高档案工作者或从业人员的综合素质是档案文化得以发扬光大的关键。近年来，档案工作者文化素质发生的变化很大。但是改变档案工作者"档案保管员""资料保管员"的形象以适应现代社会发展，还需要一段较长的时间。档案工作者应该具备所在行业的普遍性常识和档案管理的专业知识，要掌握信息化知识、基本的计算机操作技能和数字化档案的管理与备份技巧，又要有文化产业要求的市场开发能力和服务能力，达到信息时代的公务员与文化工作者的双重要求。这无疑是对现在档案工作者的挑战。

当前，我国正处在以档案文化产业政府监督与资助下的公益性档案服务事业为主、以商品化档案文化产品市场为辅的格局中，各级政府和档案部门正积极筹划，以深化改革为契机，把档案文化推向社会，推向市场。相信将来有一天，人们必定会迎来一个档案事业发展的新时期，档案文化将成为社会文化产业中的一朵奇葩。

第五节　档案资源实行多元化保存

21世纪，社会信息化的普及与应用使档案信息的保存与管理呈现多元化趋势，档案的保存方式正从以纸质档案为主的传统载体走向光、电、磁、网络等新型载体，而且随着数字档案信息量的不断增长和扩大，档案的管理和存储问题势必引起社会的高度重视。

一、介质存储

从古至今，介质存储一直是保存档案的主流方式，不同介质承载的档案本质属性并无差别，都是人类认识世界和改造世界的历史记录，是社会的重要信息资源。人类曾以石器、竹器、纸张、磁带、缩微胶片等作为载体记录档案的内容，而在网络信息时代，由于档案的形成在很大程度上依赖于计算机及其应用系统环境，档案信息以数字形式展现给人类。为了保存这些数字形式的文件和档案，人类发明了软盘、磁盘、光盘等存储数字信息的新型载体，使用这些载体，人们能够方便地存储、迁移、展示和传播档案信息，开展深入的编研开发工作，为社会提供档案利用的多样化服务。与传统档案载体相比较，数字形式的档案载体为公众提供了灵活、方便利用档案的机会，而对于习惯了保管传统载体档案的档案工作者来说，面临的新挑战是，如何将这些新型载体档案进行永久保存和广泛利用。

关于数字资源永久保存问题的研究，国内外已经有很多单位付出了努力，有的致力于提高数字信息载体的寿命，有的则在扩大载体的存储容量、降低存储成本上下功夫。以光盘为例，自20世纪90年代中期以来，光盘作为现代数字信息存储载体，以制造成本低廉、容量大、使用方便、保存时间长等特点而正在取代许多传统信息存储载体如纸、磁带等。光盘的使用越来越广泛，而且随着光盘技术的发展，光盘的容量越来越大，从CD、VCD到CD-R、DVD、CD-RW、U盘等新产品层出不穷。然而，正是由于数字信息载体的更新换代太快、太频繁，尽管一代代产品的兼容性越来越好，但档案这一固定内容的"原始性不能被修改"的属性决定了档案具有快速发展和频繁更新的特殊性，肩负保管社会历史记录重任的档案工作者，不仅要考虑档案信息利用的深度和广度，还需要重视档案的完整保存和真实有效。因此，很多专家提出了21世纪"双套制"工作策略并被很多单位所采纳，即将有保存价值的电子文件归档时，同时做一套纸质备份或制作缩微胶片，延长档案的保存寿命，将存储在数字信息载体上的档案主要用于提供利用服务和载体备份。"双套制"是过渡时期档案管理的一种可操作解决方案，在一定程度上减轻了档案工作者保存档案的压力，但增加了管理过程中的成本。在实际工作过程中，很多单位采用纸质、缩微或数字信息载体各制作一套备份，这样，制作成本、管理成本呈现持续上升的趋势。应该说，随着档案信息量的增大，这种方式很难持续较长的时间。另外，并不是所有的数字档案都能够制作纸质或缩微的备份，只能以数字载体形式进行存储，这就需要加强管理，制定长期保存数字档案数据的管理规范和规章制度。在选择较长寿命存储载体的前提下，定期进行检查，根据需要做数据迁移，并在数据迁移的过程中确保档案的真实、完整和有效。因此，我们在期待具有较长寿命和稳定特性的数字信息存储载体问世的同时，更需要提高现代管理的水平，保证工作的有效性。

二、网络存储

数字档案信息的产生是历史的必然，也是公众对档案利用渴望的结果。

档案记载着历史，传承着文化，档案信息对人类社会的发展与进步起着承前启后的作用。在数字化高速发展的今天，网络已经渗透到社会各个领域的日常运营管理中。具有海量存储性能的网络存储产品及其组织与管理数字信息的软件系统的问世，为数字档案的存储提供了可能。各级机构建立的互联网、专网和内网则为档案的网络化收集、整理、归档、存储、传播、利用提供了基础平台。

网络存储领域最典型的代表有直接附加存储、网络附加存储、存储区域网以及内容寻址存储。事实上，DAS、NAS、SAN 和 CAS 是融数据存储硬件设备和数据管理软件系统为一体的存储解决方案。区别于介质存储的脱机方式，网络存储的主要作用是提供数字信息的在线访问，而数据管理则是解决网络上数据的组织、存取与访问方式的问题，目的是管理数据并提供访问机制。通常采用关系型数据库管理系统（RDBMS）、文件数据管理系统和内容存储管理系统等。

网络存储技术解决方案是将数据存储与数据管理技术紧密结合起来，提供存储和管理的一体化服务的解决方案。所以，存储管理软件与存储器硬件设备在网络存储管理方案中占有同等重要的地位。网络存储未来的重点已经不仅仅是硬件技术本身的问题，而是如何高效地对存储资源进行管理。存储管理应该包括三个基本范畴，即设备管理、用户管理和数据管理。

另外，需要指出的是，在选择网络存储的硬件设备时，数据通信接口标准是非常重要的因素。目前，有两种技术标准，即光纤通道技术和 IP 存储技术。光纤通道技术是由存储网络工业协会（SNIA）推出的存储管理接口规范（SMI-S），是一次革命性的进步。其主要目标是使不同的存储设备供应商提供的系统之间能够互相兼容。SMI-S 的部分基础是建立在分布式任务管理通用信息模型（CIM）上的，它是一个面向对象的信息模型，定义了系统构件的物理和逻辑结构。CIM 则是基于 Web 的企业管理的一部分，它包括一个基于 XML 的加密规范和一个通过 HTTP 访问模式化对象的方法。SMI-S 的主要目标是提供一个基于标准的管理接口，使存储设备上的数据可以被视为逻辑组件，如逻辑单元、存储池等。在理论上，SMI-S 可以让网络管理员在不同供应商提供的设备中发现设备的标准接口，而且，通过这个接口可以收集设备的配置、状态信息以及上述逻辑单元的信息。光纤通道技术对那些要求可靠、高性能的高端 SAN 用户是一个技术风险较低的选择。但它的高成本、有限的互操作性、相对还不太成熟的标准，决定了它并不是对所有的用户都很合适的技术产品。IP 存储技术的最新进展是 iSCSI 技术，它使 SCSI 指令封装于 TCP/IP 协议中传输。iSCSI 既有光纤通道技术的部分优点，又继承了以太网和 IP 技术的优点。另外，iSCSI 也克服了光纤通道技术的距离限制。理论上，用户可以以一个相对较低的投资实现 WAN 上的远程复制。最初的应用是具有 iSCSI 光纤通道技术的桥接路由或网关，未来将发展为端到端的 IP 连接。iSCSI 兼容的设备要比光通道设备便宜得多，因而有更广泛的市场。由于 iSCSI 属于进程敏感型的技术，软件驱动和标准的以太网卡也许无法有效地支持它。因此，需要开发 TCP/IP 引擎或者 iSCSI 主机总线适配器技术。其他 IP 存储技术包括 IP 网络上的光纤通道技术，它可通过 IP 通道将两个光通道帧汇集成单一帧。

三、备份管理

随着网络、计算机、信息系统的深入应用和普及，各档案馆（室）的网络系统内的服务器和网络存储设备担负着关键的应用工作，存储着重要的信息和数据，为领导及业务部门提供综合信息查询服务，为业务部门提供数据处理、辅助业务处理和数据存取与访问等功能，为网络环境下档案利用者提供快速高效的信息查询、检索和利用等各项服务。因此，建立可靠的备份系统，保护关键应用及档案数据的安全是信息化应用中的重要任务，在网络、系统发生人为或自然灾难的情况下，保证档案数据不丢失，系统能够得到快速恢复，尽量将损失降到最低，所以，备份也是保障数字档案安全存储的一个重要方法。

一个完整的网络备份方案应包括备份硬件、备份软件、备份数据和备份计划四大部分。

备份硬件通常采用硬盘介质存储、光学介质（光盘和磁光盘 MO）存储和磁介质（磁带）存储技术。与磁带或磁带机存储和光学介质存储相比，硬盘介质存储所需的费用是比较昂贵的。硬盘介质存储能够提供容错解决方案，但也很难抵御用户的错误和病毒；光学介质存储提供了比较经济的备份存储解决方案，但它们所用的访问时间比较长且容量相对较小，当备份大容量数据时，所需光盘数量大，管理成本增高；磁介质存储具有容量大且可灵活配置、速度相对适中、介质保存长久（存储时间超过 30 年）、成本较低、数据安全性高、可实现无人操作的自动备份等优点，但检索起来不太方便。

备份软件主要分为两大类：一是各个操作系统厂商在软件内附带的，如 NetWare 操作系统的"Backup"功能、NT 操作系统的"NT-Backup"功能等；二是各个专业厂商提供的全面的专业备份软件。选择备份软件时，不仅要注重使用方便，自动化程度高，还要有好的扩展性和灵活性。同时，跨平台的网络数据备份软件能满足用户在数据保护、系统恢复和病毒防护方面的需求。一个专业的备份软件配合高性能的备份设备，能够使损坏的系统迅速起死回生。

备份计划是备份工作中的管理功能，是备份策略的具体描述，规定每天的备份以什么方式进行、使用什么介质、对什么数据、在什么时间进行以及系统备份工作的实施细则等。备份方式主要有全备份、增量备份和差分备份。全备份所需时间最长，但恢复时间最短，操作最方便，当系统中数据量不大时，采用全备份最可靠。增量备份和差分备份所需的备份介质和备份时间都会少一些，但是恢复起来要比全备份麻烦一些。用户应该根据自身业务对备份窗口和灾难恢复的要求，进行不同的选择，以得到更好的效果。

备份数据是备份工作的内涵所在，按照备份计划将网络系统中有用的数据、程序、文件等备份到预先选择的存储介质中，以保证数据意外丢失时能尽快恢复，将用户的损失降到最低点。

这里，需要重点指出的是，灾难备份与灾难恢复是档案信息化中应采用的重要措施，这是由档案的不可再生性及其原始特殊性所决定的。灾难备份与灾难恢复措施在备份工作中占有相当重要的地位，它关系到系统、软件与数据在经历灾难后能否快速、准确地恢复。灾难主要包括地震、火灾、水灾等自然灾难，以及战争、恐怖袭击、网络攻击、设备系统故障和人为破坏等无法预料的突发事件。尤其在网络病毒传播速度非常快的今天，如果没有一定的应急响应能力，突发事件将给社会带来灾难性的后果。加强灾难备份，建立应急响应措施，就可以做到减少灾难所带来的社会成本和压力。在信息化环境下，灾难备份是对突发事件、保护信息的相应防范。尽管灾难备份建设是一项比较复杂、周密细致的系统工程，涉及灾难备份中心选点、灾难备份中心建设、机房建设、基础设施建设等内容，同时还涉及灾难备份系统建设、专业运管队伍建设、灾难备份中心运营管理体制建设和灾难备份中心运营管理等工作。不仅需要投入大量人力、物力和财力，还需要考虑灾难备份系统的实施所面临的技术难度以及经验不足所带来的风险，而且需要考虑长期运营管理方面的资金投入。但作为21世纪的档案工作者，在开展档案信息化建设之初，就必须对其产生足够的重视。

第六节 数字档案实行安全性保障

从古至今，人类一刻也没有停止过思考和采取各种方法和手段来保障档案的安全，维护档案的历史性和真实性，保证档案的有效性。对于传统载体的档案，人们已经探索了上千年，已经逐步形成了保护档案安全、维护档案真实原貌以及档案永久保存的各种技术、手段和方法，如档案馆公共环境的安全保卫制度、档案馆库房的恒温恒湿措施、纸质档案的技术保护、档案的缩微处理等各种有效措施和手段。自20世纪90年代以来，电子文件归档、馆藏档案数字化都逐渐形成了各种数字形式的档案，数字档案的网络化、计算机化和数字载体的存储方式的多样化，又对档案的安全保障提出了新的要求，传统的安全保障方法主要适合于存放在档案馆的实体档案，难以满足网络环境下的数字档案的安全保障要求。基于这样的需求和业务发展的需要，人类正在不断地探求和摸索，寻找既能保护现有馆藏档案的安全，又能确保数字档案安全的整体性解决方案。

一、数字档案安全保障的基本思路和方法

网络、计算机、存储器和信息系统是数字化档案信息生存的基础，也是引发安全问题的风险基地。黑客攻击、病毒蔓延、信息窃取、技术落后、制度不健全、管理不规范、措施不到位、治理不及时是产生不安全因素的根源，其中有客观的因素，也有主观的原因。因此，加强对客观侵害行为的防范、对主观漏洞的治理、对安全事故的补救是保障网络畅通、系统稳定、数据安全的重要措施。只有网络和系统安全了，制度规范健全了，组织团队落实了，数字化档案信息的安全才能得以保障。

（一）建立技术保障体系，提高网络与系统的安全性

积极防御、综合防范，创建安全的网络、系统和应用环境，保障数字

化档案信息的安全需要从网络、系统、应用、数据等多个层面来分析问题，并提出解决问题的策略、方法和措施。

1. 保障网络安全

启用入侵检测和访问控制的联动服务。网络安全主要包含两层含义，一是基础设施、网络与计算机设备等硬件设备的无故障运行，保障其安全关键在于要购买优质的硬件设备并在运行过程中加强管理和维护，确保科学使用，这一点只能靠机构中的人和制度来保障；二是保障合法用户的正常使用，确保网络上信息资源不被非法用户盗窃、更改。防火墙和入侵检测技术是常用的保障网络安全的两种手段，入侵检测技术侧重于监测、监控和预警，而防火墙则在内外网之间的访问控制领域具有明显的优势。如今，面对网络攻击手段复杂度的不断提高及融合能力的逐渐加强，在网络层采取安全技术的集成化应用和安全产品的联动启用措施，全面提高网络的综合防范能力，已经成为人们保护全网安全的重要举措。

2. 保障系统安全

加强升级服务，做到无漏洞运行。几乎所有的操作系统及其提供的应用与服务均已被发现有安全漏洞，并且越流行的，其安全问题越多。目前各操作系统的开发商已经开设了专业通道，提供升级服务的补丁程序下载、安装和检测服务，而且大多是免费的。因此，能否做到系统的无漏洞运行，关键在于人们是否使用正版软件，并是否做到及时升级，及时安装补丁。为保障操作系统的安全，除了不断地安装安全补丁外，还需要时常检查系统的各项设置，如敏感数据的存放方式、访问控制机制、密码更新的频度等基础性操作，并充分利用操作系统提供的强大功能，首先建立基于本机操作系统的安全防御与监控系统，保障各客户端的无漏洞运行。

3. 保障档案信息系统的安全

采取防偷窃及基于生物识别的强身份认证措施。档案管理信息系统是特定的应用程序，它的安全主要取决于：是否是合法的用户在合法的权限范围内执行了合法的操作。做好系统用户的安全管理，不给偷窃者以机会。目前，保障合法用户的做法是采取强身份认证、加密和防密码偷窃等技术，如指纹识别、虹膜认证等，都是确保用户身份的高安全性技术措施，生物识别技术已经广泛应用于硬盘加密、数据加密、身份验证等环节。而对于合法用户越权操作与非法操作的情况，主要取决于内部安全管理制度和措施的有效性实施与落实。

4.保障档案数据的安全

实行隔离、加密、灾难备份等措施。安全管理的最终目的就是保障网络上传输的、系统中存储的、用户访问到的档案数据和信息是真实、完整和有效的，并保障系统操作者能够方便地访问自身权限范围内的数据，杜绝无权用户进入系统。因此，数据加密、硬盘加密、文件系统加密、增加系统存储的复杂性等都成为保障数据安全的有效措施。对于保密和绝密的数据应采取物理隔离，不允许上网操作。而异地备份则是避免地震、火灾等的重要防范措施，更是确保档案信息安全必不可少的重要备份措施，任何档案保管机构都应建立灾难备份系统。

5.病毒防范

建立网络化的病毒防范体系，实现病毒库的同步升级。几乎有网络和计算机存在的地方，都会有病毒。谈毒色变的主要原因是不了解病毒的工作原理，病毒泛滥的主要原因是病毒库不及时升级。因此，每台计算机上都应安装防病毒软件系统，并及时更新病毒库。而对于网络环境下的一个组织而言，病毒杀不尽的原因则是网络上至少有一台机器有病毒，并在网上扩散传播，因此，购买网络版的防病毒软件，建立网络化的病毒防范体系，实现病毒库的统一管理、同步升级，是防范病毒侵害数字化档案信息的有效措施之一。同时，加强对病毒知识的学习，提高机构中每位员工的主动防范意识和警惕性也是非常重要的保障措施。

然而，各种技术保障措施固然可以为网络、计算机、存储设备、系统服务、应用程序等软硬件系统建立"硬件"防护体系，但要使它们真正起作用，还需要管理制度这样的"软件"防护体系与之协同工作，其中，人是最关键的因素之一。正像木桶原理所阐述的道理一样，网络及信息的整体安全取决于包括操作人员在内的整个网络系统环境中安全性最薄弱的环节，也就是说，如果网络中有一个人不按规范操作、有一台机器留有漏洞、有一个应用程序感染病毒、有一个端口留有后门，都有可能造成整个网络的彻底瘫痪。因此，需要建立健全安全的管理制度和一体化的管理方案，并将措施落实到组织中的每个人、每件设备、每台机器、每个应用、每个服务，才能确保网络、系统和数据的安全。

（二）建立制度保障体系，实现档案安全管理的程序化

保障网络、系统和档案信息安全的永久性措施应该是建立程序化、制度化管理模式并严格执行、落实到位。这同样需要在网络层、系统层、数据层和应用层分别制定相应的政策与规范，并采取必要的措施强化落实，做到制度正确，落实见效。

1. 网络、机房、服务器管理规范

其主要包括制定保障网络线路、通信设备、交换机、服务器、主机房内网络和支持档案管理机构内部档案信息系统运行的网络基础设施的防火防盗管理制度，以及保障该机构局域网内部用户访问内部档案信息资源和访问互联网的操作规范。制定本项操作规范的依据是业务部门的实际需求，制定规范的决策者是 CIO，执行者是 NA 和 SA 两个重要的角色，任何用户只是按照被分配的权限进行操作，不能越位执行。

2. 数字档案信息安全存储管理规范

根据档案信息的安全级别和保密程度的不同，需要分门别类地制定不同的管理规范，确定不同的存储方案。对于密级档案信息应实行物理隔离，专人操作，必要情况下对硬盘采取强安全加密措施。对于内部处理的档案业务数据，在开展网络化共享与维护的过程中，严格区分用户的访问权限；对于对外开放的数据重点制定防范数据被篡改的策略和方法。制定本项操作规范的依据是档案法及机构规定的档案管理制度。

3. 个人 PC 和客户端的安全操作规范

客户端的安全操作规范主要是指客户端的上网制度、客户端的安全配置规范、客户端应用系统的安装运行和维护方法、客户端及个人用户在使用档案管理信息系统时的操作规范等方面的要求，这涉及组织中的每一位员工，任何人都不能轻视。制定该项制度的依据是整个档案业务管理机构全网安全和信息安全的总体要求。

4. 数字档案应用系统的安全操作规范

电子文件归档系统、馆藏档案数字化系统、档案信息发布与提供利用的网站系统等应用程序是我们访问数字档案信息的重要工具。制定有效的操作规范，确定科学的数据转换与图像处理的技术参数，采取数据加密措施，

实施严格的权限管理制度，是开展应用系统安全管理工作的重要内容。该项制度一旦确定，重要的是需要做到持久执行，并在执行的过程中逐步完善。

（三）建立组织保障体系，促进安全保障的有效性

目前，在我国档案行业，确保网络和档案信息安全的组织保障体系（以下简称为信息管理组织体系）与行政管理和实际业务管理过程中的组织体系往往是不同的。其主要区别在于，信息管理组织体系中的成员几乎不参与决策，更无权支配和调配信息化项目的资金和团队成员，日常工作中扮演的几乎都是"救火队"的角色。主要原因是，业务管理和信息化应用没有真正融为一体，两者之间隔着观念和认识上的鸿沟。事实上，理想的管理模式是二者合一，要求机构的领导是既懂业务又熟悉信息化应用的现代化管理人才，要求档案业务工作者也是掌握多项技能的复合型人才，要求机构中的每位员工把信息化和档案业务作为同等重要的基础性工作来开展。

信息管理组织体系中有几个重要角色：一是主持信息化建设和应用实施的项目负责人，信息资源管理的决策者（Chief Information Officer，CIO）；二是确保网络安全运行的网络管理员（Network Admin-istrator，NA）；三是确保系统和数据安全的系统管理员（System Ad-ministrator，SA）。NA、SA 和 CIO 是整个信息安全保障体系建设的决策成员，而借助于网络、计算机开展工作的业务人员则是信息系统中的用户（User），用户的上网和访问系统与数据的权限是由 NA 和 SA 根据档案管理业务的实际需要和网络安全管理的制度进行分配的，不经允许是不能越权操作的。

信息管理组织体系中一个重要的管理理念是任何角色都不能越位操作，即便是 CIO、SA 或 NA 也不能不受制度约束而随意更改业务数据。制定系统内每个用户操作权限的依据必须是业务组织体系中岗位职能的正确、合理和有效的对应与体现。

（四）建立安全监控体系，落实安全保障的有效性

档案信息安全运行的法规、制度、标准与规范将随着信息系统的建设和运行逐渐得到发展和完善，但档案信息系统和档案信息是否能够真正获得安全保障，关键还在于这些安全法规和标准制度是否能够得到有效的执行和应用。因此，在健全网络安全法律法规的同时，还应加大执法力度，加强运行管理与监督控制的力度，为网络与系统的安全运行提供法律保障和运行保

障的长效机制。这一目标的实现不仅需要档案管理部门及所有人员付出努力，更需要国家立法机构的支持，还需要建设、使用和维护档案管理信息系统安全运行的所有参与者不断加强安全意识，执行安全制度，随需求改变和完善安全管理策略，确保系统运行和档案信息存储的持续安全。

安全审计、安全监控等都是网络与系统安全运行的监控手段和方法。安全审计和安全监控的对象主要是网络与服务器和计算机系统的环境安全、实体安全、机房设备的防电磁泄漏、软件安全技术、软件加密技术、操作系统的安全管理、数据库的安全与加密、数据传输的安全与加密、局域网的安全控制、计算机病毒的诊断与消除、系统的运行安全，以及整个系统的安全解决方案和安全评估等，它们都应被纳入安全审计和安全监控的范围。

安全监控的具体措施包括：各级保密工作部门和机构负责本地区、本部门网上信息的保密检查，发现问题，及时处理；涉密信息网络必须与公共信息网络实行物理隔离；在与公共信息网络相连的信息设备上不得存储、处理和传递国家秘密信息；加强对上网人员的监督与管理，明确责任，确保在公共信息网络上不发生泄露国家秘密的事件。

随着信息安全的专业化发展和复杂程度的提高，保障信息安全的技术与方法的难度也在逐渐加大。同时，由于信息安全是个动态的、发展的过程，不可能一步到位，因此，基于成本考虑和技术先进性考虑，信息安全外包成为一种趋势，信息安全服务是信息安全外包的一项最重要的内容，也逐渐被市场所接受。信息安全服务提供包含从高端的全面安全体系到细节的技术解决措施，安全服务分层次和内容开展，主要包括信息安全咨询和信息安全策略服务、安全监控和安全审计服务、安全响应和安全产品支持服务等。

因此，安全监控体系的建设，首先应根据各单位执行安全审计和安全监控的能力，选择是否采取专业化服务来开展，其次是要确定安全监控的层次和内容，最后要选择合适的提供安全监控服务的专业机构或团队来确保安全监控体系的建设与执行。

二、基于电子签名保障电子文件归档的安全

拥有合法电子签名的电子文件原件归档后将形成真正的电子档案。合法有效的电子文件移交给档案馆后可以采取介质归档方式，也可以采取网上归档方式。具体实施过程包括：电子文件内容的真实性和完整性的确认，归档单位和归档责任者的身份认证，归档单位对电子文件执行电子签名，档案馆接收人对电子签名的验证和对电子文件可读性的确认。

电子文件网络化归档系统工作的必要条件是归档单位具有第三方认证的电子印章，归档单位和档案馆需要建立能够阅读带有电子签名的电子文件原件内容的管理信息系统，即建立归档文件中心和电子档案中心两个信息系统（归档文件中心与现行业务系统的数据备份系统保持同步工作）。电子文件一旦被修改，系统能够识别，而且会将其视为无效文档，并通过各种技术手段保障经过电子签名后的电子文件的安全、完整和可读。

（一）电子文件原件及其完整性确认

档案形成单位现行的业务管理信息系统是电子文件原件及其元数据信息的发源地，系统的安全可靠是确保电子文件真实性的根本依据，档案工作者应按照档案接收和保管工作的要求，在该系统建设之前提出具体的保障电子文件真实性的需求，并提前开展档案的指导工作。特别是应在电子文件即将结束现行期使命之前，提示各单位做好备份和归档准备等各项工作。更为重要的是，应将拥有电子签名的电子文件的最终文稿及时地转存到归档文件中心，以便及时开展归档工作。

（二）归档单位及归档责任者身份认证

其系统中包括单位和个人双重身份认证内容。归档单位的身份确认是具有权威性、可信任性和公证性的电子认证服务机构提供（简称 CA 服务机构）并签发的电子印章和证书，进行身份认证的方式分为单向认证和双向认证。电子文件归档采用单向认证方式，实现档案馆对归档单位网上传输的电子文件的合法身份认证，这时档案馆需要从 CA 服务机构的目录服务器中查询索引，获得证书之后，首先用 CA 的根证书公钥验证该证书的签名，验证通过说明该证书是第三方 CA 签发的有效证书，然后检查证书的有效期、证书是否失效或进入黑名单等，从而确定归档单位的身份有效性。关于归档责任者的身份认证也可以采取上述方法，但一般只需要在信息系统中采取像指纹、密码等有效措施就可以得以保障。

（三）电子签名的实现

归档单位在登记注册合法的电子签名后，即可拥有 CA 服务机构发放的签名证书的私钥及其验证公钥。实现签名的过程是：首先确认需要归档的电子文件，然后用哈希算法对电子文件做数字摘要，再对数字摘要用签名私钥做非对称加密，即做数字签名，最后将以上的签名和电子文件原文以及签名证书的公钥加在一起进行封装，形成签名结果发送给接收方，等待接收方验证。

（四）电子签名的验证

档案馆接收到数字签名的结果，其中包括数字签名、电子原文和发方公钥。进行签名验证时，首先用归档单位发送过来的公钥解密数字签名，导出数字摘要，对电子文件原文做同样的哈希算法，获得一个新的数字摘要，将两个摘要的哈希值进行结果比较，结果相同则签名得到验证，否则签名无效。

（五）签名电子文件的可读性保障

归档单位归档时发送给档案馆的和档案馆接收到的都是经过签名的电子文件，经过合法性和完整验证后，电子文件就成为电子档案并由档案馆进行管理，提供对外服务与利用。这就要求档案馆建立的电子档案管理信息系统不仅安全可靠，而且能够阅读和浏览签名的电子文件。目前这一技术已经由很多单位实现，并做成插件形式，可以嵌入档案管理信息系统中，必要时可以打印出带有印章的档案文件作为凭证依据。当前市场上流行的模拟纸质文书的数字纸张就是非常典型的应用案例。

电子文件归档过程可以看作对传统纸质档案的电子化模拟与流程化规范的过程，所不同的是从对文件的收集、整理、鉴定、移交、接收到管理的全过程都采用了网络、信息系统、数字签章和身份认证的电子化与自动化操作模式。这种方式，一方面使电子文件归档过程变得简单、快捷、自动化程度高；另一方面使人们对电子档案原始文件的管理与管理档案目录数据的信息系统实现了同步管理，最大限度地减少了人工的干预，提高了归档工作的效率，更重要的是，也大大增强了归档过程的规范性和安全性。至于网络和信息系统带来的安全风险，是能够通过采取各种现代技术手段得到控制和加强的。因此，作为新时期的档案工作者，应该顺应历史的潮流，改变传统的观念，大胆地接收真实、合法、完整、有效的电子文件，做到对历史负责、为现实服务、替未来着想。

三、数字化档案信息安全保障的总体结构

坚持积极防御、综合防范的方针，全面提高信息安全防护能力，重点保障基础信息网络和重要信息系统的安全，创建安全健康的网络环境，保障和促进信息化发展，保护公众利益，维护国家安全，是国家对信息安全保障工作的总体要求，也是架构数字档案信息安全保障体系的总体指导思想。各档案管理部门应在遵守公共安全、信息安全、计算机安全等法律法规制度的前提下，首先，建立保障数字化档案信息安全运行的组织体系，制定安全管理的规章制度，加强教育和培训，提高所有人员的安全意识，规范操作过程，坚持全员思想上的同步安全原则，开展科学的档案管理工作，杜绝由于人为因素而引发安全事件；其次，根据档案数据、业务流程以及内部网络设备的使用特点，制定各个层次的技术保障措施，制定和执行网络边界区域防火墙、入侵检测、网络管理系统等安全策略，加强对内外网络之间访问权限的控制与管理，对内部网络中的计算机和服务器，加强操作系统和应用程序的修补与更新，强化应用程序的安全，合理分配各用户的操作权限，根据需要对存储系统与档案数据采取必要的加密措施等一系列的技术保障措施；最后，在运行环节上加强管理和控制，在内部网络所有层次上落实安全管理制度，实施保障安全运行的有效措施，对保密档案数据实行物理隔离措施，对在线运行系统的档案数据采取异地备份、介质备份等措施，对于开放的档案数据提高防篡改的能力，对当前业务流程中正在处理的数据加强对其真实性、完整性和有效性的控制。

总之，在数字化档案信息的综合管理过程中，我们需要采用这种多维的分层管理与控制体系，建立保护全网安全的防护体系，加强内部管理，提高安全意识，采取各种措施和手段加强防范，降低攻击者的成功率，从而在网络安全、系统安全、应用安全的基础上保障数字化档案信息的安全。

第六章　大数据环境下的档案管理与服务

近年来，随着社会信息化的飞速发展，人们对档案信息资源的需求也不断增长，大数据时代的来临也使档案的管理与服务发生了翻天覆地的变化。档案信息资源由于难以避免地受到馆藏类别以及地域的制约，因此已经无法适应与满足信息时代公众对档案信息资源的需求。所以，在一体化信息资源管理系统中纳入档案信息化建设，将封闭而又单一的档案信息资源转化成类别丰富、综合开放的档案信息，实现档案信息化以及档案信息资源共享显得尤其重要。

第一节　大数据环境下的档案信息资源整合

一、大数据环境下档案信息资源整合的必要性

随着社会信息化的发展，数字化与网络化建设的不断完善，档案信息资源的记录载体、记录方式、管理方式也随着时代的进步而发生着变化，档案信息资源的管理也应该朝着网络化、数字化的方向发展。

随着人类的进步和发展，大数据时代的来临，人们在计算机系统中存储的数据信息越来越多，这些数据是人们工作、生活和生产活动等的原始记录，能够为人们提供重要的利用价值。

二、大数据环境下档案信息资源整合的分析

随着互联网的普及，计算机信息技术和网络通信技术的飞跃式发展，各种数据和信息呈现出爆发式的增长。事物都有两面性，互联网在让人们能够快捷方便地获取大量文本信息资源的同时，也带来了一些难题。大数据时代已经悄然来临，海量信息也给档案部门的档案信息资源整合带来了挑战。

接下来，我们将采用 SWOT 分析法 ——S（Strengths）是优势，W

（Weaknesses）是劣势，O（Opportunities）是机会，T（Threats）是威胁或挑战，对大数据环境下档案信息资源整合的优势、劣势、面临的机遇和挑战进行分析。

三、大数据环境下数字档案信息资源整合

在大数据的时代背景下，数字档案信息资源具有数量庞大、增长迅速、多源异构等新特点，在给人们带来丰富信息的同时，也给数字档案信息资源的整合带来了一定的困难，如数据存储、安全保障体系的缺失等问题。笔者将从以下几方面对大数据时代数字档案信息资源的整合策略进行探讨。

（一）实现由馆藏中心模式向服务中心模式的转变

大数据时代的信息挖掘技术，如云计算、Web 2.0 文本挖掘技术等，可以通过对关联复杂的数据网络中出现的趋势进行预测，从而为人们的行为决策提供有益指导。这就要求档案部门要改变过去单一的供给式的思维模式，关注大众的利用需求，构建起以社会利用需求为导向的档案数字资源体系。

（二）加强大数据时代数字档案信息资源整合的安全保障体系建设

首先，应建立 IAM（身份和访问管理）和隐私保护系统，实现统一身份认证与访问权限控制，达到用户安全集成管理的目标，有效应对档案数字资源整合与大数据应用过程中的安全风险。其次，通过数据加密技术保护档案信息安全。通过 SSL（Secure Sockets Layer，安全套接层协议层）加密，实现在数据集的节点和应用程序之间移动保护大数据。再次，综合运用大数据技术手段与安全保密制度，加强对重点领域档案数据的日常监管，有效应对档案数据聚集性与档案利用需求无序性造成的档案泄密风险。最后，实时开展档案数字资源异地异质备份工作，提高系统容灾能力。

第二节　大数据环境下的档案信息资源挖掘

一、档案信息化下的大数据技术

（一）大数据概念探析

大数据从出现至今，一直都是全社会关注的焦点，至今仍无公认的定义。对于大数据，可以从资源、技术和应用三个层次进行理解：大数据是具有体量大、结构多样、时效强等特征的数据；处理大数据需采用新型计算架构和

智能算法等新技术；大数据的应用强调以新的理念应用于辅助决策、发现新的知识，更强调在线闭环的业务流程优化。大数据不仅"大"，而且"新"，是新资源、新工具和新应用的综合体。

（二）大数据对档案信息化的保障

1.档案数据高效存储保障

目前，馆藏数字档案量已经从 TB 级别跃升至 PB 级别，与此同时，科技进步衍生出的数据呈现出分布式和异构性特点，需要归档的数字资源繁多，包含结构化、非结构化和半结构化数据。非结构化数据，如文本、图片、各类表格、图像和音视频等，半结构化数据，如 E-mail、HTML 文档等，都不便于使用关系数据库二维逻辑表来表现。

传统关系型数据库已经无法满足对数量庞大、类型多样的档案资源的组织与管理需求，需要引入大数据管理系统对档案进行分布式存储、快速检索。大数据存储方法有很多种。

2.档案数据价值挖掘保障

在档案数字资源中，不同的档案数据中蕴含的价值存在差异，有可能导致用户获取价值信息的难度增大。如何从这些资源中提炼、挖掘出有价值的档案信息，并以人们易于接受的方式传递给用户，是目前档案工作者必须解决的问题。

大数据时代带来新的技术，为档案工作者提供了解决问题的方式。档案工作者可以采用大数据技术，在海量档案数据中发现关联，从不同角度对其进行聚类和分类，以多维度、多层次的方式展现档案数据，将非结构化数据转换为结构化、半结构化数据，从而使用户更准确、更容易获得档案信息。必要时，还可以通过可视化技术，形成图形图像，直观地展示最终结果。

二、大数据技术在档案领域的应用背景

大数据时代数据的种类和规模都空前庞大，成为一种最重要的社会资源，且亟待人们对其进行开发和利用。大数据时代深入改变了人们的生活、生产和思维方式，对社会各方面造成了巨大影响，档案信息资源在新的社会背景下也发生了巨大改变并越发显现出大数据的特征，如何对海量档案信息资源进行高效系统的挖掘，从而实现深层次开发利用成为当下档案工作的中心。传统的档案信息资源挖掘工作不能满足新形势下档案信息资源的开发要求，将以云计算、语义引擎和可视化分析为代表的大数据技术应用到档案信息资源的挖掘工作中，可以为其带来巨大机遇。世界各国对于大数据技术深入推广、积极倡导，我国也出台了相关政策进行支持，为大数据技术深入应用在档案信息资源挖掘领域提供了支持。

（一）大数据技术为档案信息资源挖掘工作带来新机遇

大数据背景下档案信息资源也具备了大数据的特征，主要体现在以下三个方面：一是各级档案机构所产生的档案信息资源总量日渐庞大且增长迅速；二是档案信息资源种类日趋繁杂，而且结构日渐复杂；三是档案信息资源的价值丰裕度、凝聚度很高。对具备大数据特征的海量档案信息资源进行广泛采集、深入挖掘，对档案信息资源发挥最大化效用具有不可估量的意义。

档案信息资源的挖掘工作是指对海量的档案信息资源进行采集，并对采集到的数据进行清洗、集成、变换等处理，最后选择相应的挖掘模型，实现对档案信息资源价值的开发和提取，从大量的档案信息资源中挖掘价值、提取知识，从而实现对其更为广泛和高效的利用的过程。

档案信息资源的大数据化给其挖掘工作带来了很多困难，如档案信息资源的采集问题、清洗问题、价值分析问题和结果提取问题等。但是大数据技术的使用也给档案信息资源的挖掘工作带来巨大机遇，主要体现在以下三方面。

第一，大数据技术可以实现对档案信息资源更系统、全面的采集。大数据处理技术强调对整体数据进行分析和挖掘，以此取代传统档案信息挖掘中以抽样代替整体的方法，可以改变因为遵循传统经验思维收集局部档案信息进行分析而造成的挖掘成果片面和不完整的问题。云存储技术手段为信息采集提供了足量的空间，为档案信息资源的系统、全面采集提供了技术支持。

第二，大数据技术可以实现档案信息资源的智能化提取，并提高挖掘的精确度和效率。基于云计算的大数据价值分析技术可以在挖掘过程中提高精确度，可视化技术对档案信息资源进行全面直观的呈现，语义处理技术则为档案信息资源的智能检索创造了条件，有利于挖掘效率的提升。

第三，使用大数据技术对档案信息资源进行挖掘，可以弥补档案缺失造成的挖掘结果价值低的问题。大数据技术通过对海量档案信息资源进行处理分析，创建数据资源库，在某一部分档案信息资源存在缺失时，可以根据档案信息资源间的关联性原则对相关资源进行追踪，以补充缺失的档案信息，以保证档案信息资源挖掘结果的完整性和可靠性。

（二）国家政策引领与支持

大数据概念自提出伊始，就成为最热门的名词之一。大数据技术给社会带来了强烈冲击，深入影响着社会的各个领域并引发思想变革。

目前，我国已经认识到大数据对于国家未来发展的重要价值，并为大数据技术的发展提供了思想指导和政策支持。档案信息资源是国家记忆的主要构成部分，也承担着保存国家记忆的重要使命，是未来国家战略资源最重要的组成部分之一。在国家积极倡导大数据技术应用的当下，把大数据技术与档案信息资源的挖掘工作紧密结合，构建起一个基于网络的、多种类结构的、为中华民族集体记忆的构建和传承提供文献支撑的"中国记忆"数字资源库，并使用大数据技术对大数据化档案信息资源进行深入挖掘和利用，顺应时代的要求和政策的支持方向，扩大档案信息资源的社会影响力，使档案信息资源为国家信息化进程的深入和国家竞争力的提升做出更大的贡献。

三、大数据技术在档案信息资源挖掘过程中的具体应用

大数据技术对社会生活的各个方面造成冲击，深入影响着人们生产和生活的方式。在档案信息资源的具体挖掘流程中，以云计算技术、可视化技术和语义处理技术为代表的大数据技术正在得到日渐广泛和深入的应用，并取得了明显的效果。

（一）云计算在档案信息资源挖掘中的应用

1. 云计算的概念及特征

云计算是一种基于互联网的计算方式。这种方式利用分布式计算和虚拟资源管理等技术，通过网络统一组织和灵活调用，将分散的信息资源集中起来形成共享的资源池，并以动态按需和可度量的方式，向使用各种形式终端的用户提供服务。在云计算环境中，应用软件直接安装到了"云"端的服务器中，而不是用户终端上，用户仅需通过 Web 浏览器登录"云"端的管理平台就可以使用软件并得到所需服务。"云"是对计算服务模式和技术实现的形象比喻。"云"由大量基础单元——云元组成，各个云元之间由网络连接，汇聚成为庞大的资源池。

按照云计算服务提供的资源所在的层次不同，可以分为 IaaS（基础设

施即服务）、PaaS（平台即服务）和 SaaS（软件即服务）三种服务方式；根据服务对象的不同，则可以分为面向机构内部提供服务的私有云、面向公众使用的公有云以及二者相结合的混合云等。

2. 云计算的应用必要性分析

云计算的应用必要性体现在以下几个方面：首先，可以平衡档案信息资源挖掘基础设施建设。目前，我国档案信息资源开发挖掘工作由于地区经济发展不平衡、经费投入差别大，而在基础设施建设上存在较大差别。一些发达地区在档案信息资源挖掘基础设施的建设上投入大量资金，确保了工作需求得到满足，但是有些经济欠发达地区的基础设施建设存在较大缺陷，没有足够的设施和技术对档案信息资源进行挖掘、开发。这种情况下，通过云计算的基础设施服务来统筹规划档案机构的挖掘工具、管理服务器、存储器等基础设施，通过建设营造云计算环境，向档案机构提供基础设施服务支持，不仅可以节省档案信息资源挖掘基础设施建设的资金，还可以平衡不同经济状况地区的档案信息资源开发状况，使挖掘技术力量较弱的档案部门可以应对档案信息资源开发工作。其次，可以拓宽档案信息资源采集渠道。档案信息资源挖掘工作过程中最基础的部分是对海量档案信息资源的采集。广域的数据采集对于档案信息资源挖掘成果的系统性、全面性至关重要。通过云计算构建"档案云"平台，实现档案信息资源共享，对各档案机构、企事业单位的档案信息资源进行统筹规划，合理存储、调动、分配，消除以往的档案信息资源"孤岛"，将其融合为一个档案信息资源的"海洋"。

云计算存储空间大、计算能力强、安全性高，现在通过云计算实现数据共享的技术条件已经成熟，并在档案信息资源管理领域有所应用。随着档案信息资源的大数据特征越发明显，云计算必将在档案信息资源的挖掘和开发领域发挥越发重要的作用。

（二）可观化技术在档案信息资源挖掘中的应用

1. 应用必要性分析

大数据背景下档案信息资源种类、结构更加复杂，数量也更巨大，在档案信息资源挖掘过程中，需要对诸多海量的、多元化的、结构复杂的档案信息资源进行直观认知，使档案信息资源的管理者和使用者可以清晰洞察档案信息资源背后所隐藏的信息，并将这些信息转化为可以对自身生产生活发挥实际作用的知识。对档案信息资源的挖掘必须对原始资源有清晰、直观的认识，随着档案信息资源总量的增大，这一过程越发困难。对于档案信息资源的开发者和挖掘者而言，海量的档案信息如同一个巨大的黑洞，必须对这些资源进行逐一认识、排查，发掘隐藏价值，当原始挖掘对象的总量很大时，还需要对原始信息资源进行检索，在传统的档案信息资源检索条件下为了浏览所有结果，用户只能不断翻页。在档案信息资源的挖掘过程中引入可视化技术，把档案信息资源以及其内部不可见的语义关系以图形的形式直观地呈现，同时在使用计算机对档案信息资源进行处理时更加注重人机交互的过程，能更加系统、高效地对档案信息资源进行发掘，并准确提取其潜在价值，使之发挥更重要的社会效用。

2. 具体应用过程

可视化技术的研究重点在于它倾向于对复杂的数据信息进行综合分析，将其转化为易于理解的可视化图形，通过图形来以最直观的视觉方式展现数据中隐含的信息和规律。人类从外界获取的信息80%来自视觉系统，因而可视化的主要作用在于建立起符合大家普遍认知的、易于理解的心理印象。信息的可视化技术已经发展多年，现在越发成为人们分析抽象、复杂数据的重要工具之一。

在档案信息资源挖掘领域，信息可视化技术也可以发挥类似的效力。首先，构建一个完整的档案信息资源数据集，即档案信息资源可视化界面，对该数据集中的档案信息资源有全面的认识。其次，对目标所在的相关档案信息资源领域进行放大并剔除不需要的档案信息。之后结合用户的具体需要向用户展示具体细节，通过用户的具体操作和实践过程探索在档案信息资源可视化分析中使用者的行为，以此对可视化系统的实现提供指导，注重档案信息资源之间的关联性和系统性，向用户展示档案信息资源数据项之间的相关性。

档案信息资源的可视化描述是实现对其高效、准确挖掘的前提。这一过程的主要内容是构建反映档案信息资源具体内容的图符、多维度空间描述图、特征库、知识组织体系和相应的数据压缩格式组成。对于档案信息资源，尤其是以文本形式存在的文书类档案信息资源，可以根据这些档案形成的时间先后将其进行图形化显示，将它们的特性以图形的形式进行表示。当前可应用于档案信息资源挖掘工作中的文本信息可视化技术有很多种，如标签云技术，即根据词频规则对原始档案信息资源的原始属性进行总结并得出规律，再根据这种规律对其进行排列，用大小、颜色、字体等图形属性对原始档案信息资源的关键属性进行可视化表述。除此之外，还有图符标志法，这种可视化方法可以以十分直观和易于理解的形式向挖掘者和使用者展示专业的、复杂的档案信息资源。在档案信息资源挖掘过程中，通过可视化技术了解挖掘对象的属性和关联性，对采集的海量数据进行去噪处理，有利于管理者和使用者更清晰地认识这些信息资源，从而实现档案信息资源的准确、高效提取。

（三）语义处理技术在档案信息资源挖掘中的应用

1. 应用必要性分析

在大数据背景下，档案信息资源的总量呈现出急剧增长的态势，且其结构形态也表现出越发复杂的特点，多媒体类档案占据了越来越大的比重。在此背景下使用人工方法对档案信息资源进行采集、开发和利用的难度越来越大。语义处理技术在大数据挖掘的过程中为机器提供了可以理解数据的能力，使用自然语言处理技术对原始档案信息资源进行处理，构建数字化档案信息资源跨媒体的语义检索框架，为深入挖掘档案信息资源提供技术支持，可以在语义理解的基础上加深档案信息资源挖掘算法的语义化程度，提高其性能，最终实现对海量、繁杂档案信息资源的快速挖掘、智能提取，提升挖掘质量和挖掘效率。

2. 具体应用过程

语义处理技术的主要作用是对原始的档案信息资源进行自然语言处理，以便机器更好地"理解"使用者的目的和需求，从而实现档案信息资源更为精确的提取。自然语言处理是基于计算机科学和语言学，利用计算机算法对人类自然语言进行分析的技术，属于人工智能领域的一个重要方法。自然语言处理的关键技术包括对自然语言的词法进行分析、对语言含义进行分析、对语句语法和内容进行分析，以及语音识别技术和文本生成技术等。在档案信息资源挖掘的过程中，这些技术可以使计算机对原始档案信息资源有深入的理解和认识，使计算机"理解"这些自然语言。有利于档案信息资源挖掘者系统地掌握档案信息资源的内容概要，对档案信息资源进行内容检测，依照关键词义、语义对档案信息资源进行系统分类整理，对原始信息进行深入挖掘检索、质量检测，还可以实现自然语言所表达内容信息不同形态之间的转换，有利于档案信息资源的丰富拓展以及清晰表述，对档案信息资源挖掘效率的提升意义重大，同时也为智能检索技术的应用奠定了基础。

自然语言处理技术主要包括两大类，即机器翻译技术和语义理解技术。机器翻译技术，即使用计算机实现对自然语言内容的认识和提取，并将其以文本或其他形式输出，把一种类型的自然语言翻译成另一种类型。语义理解技术则强调把检索工具和语言学进行有机结合，通过对关键词专用检索工具的开发，以及对原始信息的前文扫描，弄清其词义、句义之间的相互关联，从而实现检索工具在语义层次上对检索目标词汇的理解。在自然语言处理技术中会用到汉语分词技术、短语识别技术、同义词处理技术等，对原始语言信息进行系统区分、鉴定和提取。

总的来说，在档案信息资源挖掘过程中，语义检索的主要应用技术方法有两种：语义分析法和分词技术。前者的目的在于在资源挖掘中对检索关键词进行语义分析，对关键词进行拆分，并查找拆分后关键词的关联，以及搜索与关键词含义存在关联的其他关键词，最终实现对查询者目的的解读，搜索出最符合使用者要求的结果；而后者则是指在档案使用者对档案信息资源进行查询时，将其查询词条按照相应标准进行划分，然后按照对应匹配方法对划分后的字串符进行处理，实现对目标资源提取的一种技术。

第三节　大数据环境下的档案信息资源开发与利用

一、大数据环境下档案信息资源开发与利用的主客体分析

利用是一个满足需要的过程，档案信息资源利用的实现首先需要档案馆（主体）提供信息开发、传播；其次需要利用者（客体）有利用需求；最后需要主体提供的档案信息恰好或一定程度上能与客体利用者的需求相契合。大数据环境下，档案信息资源利用的主体、客体、目标都发生了一定的变化。

（一）主体

档案馆是永久保管档案的基地，拥有丰富的档案信息资源，是档案信息

资源开发的主体。其中综合性档案馆较其他档案馆在人才、资源方面具有独特的优势，是档案信息资源开发利用的主要力量。大数据环境下，许多档案馆推出了手机短信、微信、微博等微媒体服务，也有少数档案馆开发了 App 提供档案服务。但是服务方式的增多和档案馆既定的人力、物力资源入不敷出导致一些档案馆面对新环境力不从心，出现了"有数量没质量"的情况。

（二）客体

档案利用者产生档案利用需求，是档案馆的服务对象。在大数据环境下，一方面，档案利用者的范围在整体上有所扩展，更多的群体可以通过档案馆的微信公众号、微博、App 等利用档案实现其参考功能；另一方面，档案利用需求具有刚性，刚性档案需求的利用者变化较少，而这些刚性需求的利用者是档案馆的主要服务对象。在移动互联网大浪潮下我们要时刻保持冷静，处理好"为谁服务、以谁为主"的问题。

（三）目标

档案信息资源开发与利用的目标是将主体与客体相结合以满足利用者的信息需求，在大数据环境下，这一目标是在满足利用者需求的基础上使利用者的利用更加简单、自由，进而促进利用者的利用。分析用户档案信息需求，合理选题选材，并通过移动互联网将开发出来的档案信息资源以简单便捷的方式提供给用户，满足用户利用需求，提升用户体验是大数据环境下档案信息资源开发利用的最终目标。

二、大数据环境下档案信息资源开发与利用的特征

大数据环境下档案信息资源开发与利用有了一些新的特征，把握变化才能更好地适应这一环境。

（一）空间上的移动性

移动环境指的是人或物处在不断变化的空间环境中。一方面，这一特点为档案利用提供了便捷，用户获得和利用档案信息的空间自由度加强；另一方面，其对档案利用工作提出了挑战——移动空间环境中的干扰因素增加，用户对档案信息的利用呈现出碎片化趋势，对档案信息的质量要求更高，移动环境对无线网络、信息传输等的技术要求也更高。

（二）时间上的碎片化

空间的移动性导致档案信息资源利用时间碎片化。这一特点在实现了对档案信息资源随时利用的同时对档案信息资源开发者提出了新的要求。大数据环境下人们已经进入读图时代，图片、小视频成为受欢迎的形式，档案信息资源开发形式应该与时偕行。另外，集中阅读时间碎片化对档案信息资源的内容也产生了一定影响，人们更加倾向于简单娱乐性的内容。所以档案信息资源开发者应该把握住大数据环境下的新特点，提供用户需要的内容。

（三）用户主导档案信息资源开发

大数据环境下网民的"话语权"得到增强，更加有利于表达自身诉求。传统的由档案馆主导的档案信息资源开发逐渐向用户主导转变，一些类似于"我需要的档案信息"的调查活动使用户加入档案信息资源开发的"选题""选材""编辑"，甚至是宣传推广中。利用者也是开发者，其使得档案信息资源利用率得以提升。

（四）档案信息资源利用的深度增加

大数据环境下档案信息资源的利用从简单的"实物利用"向"知识利用"转变。档案的凭证性作用依然重要，但是在大数据环境下，人们参考档案指导实践活动、利用档案信息进行创作、通过档案记忆历史的例子随处可见。档案信息资源开发利用深度加深。

（五）档案信息资源利用的方式增多

传统档案信息资源利用主要是通过到馆利用、档案编研成果利用、档案网站利用来实现的，大数据环境下档案利用途径变得更加丰富。微信、微博、手机 App 等多种途径可供选择，在这些社交媒体中档案走进千家万户。

第四节　大数据环境下的档案信息服务创新

当前，我们处于信息技术快速发展的大数据时代，我们在享受着大数据时代给我们带来的便利的同时，也不同程度地承受着各种困扰。这种情况在档案信息服务利用领域亦是如此，各种新型信息传播技术的应用给原有的档案信息服务方式带来了前所未有的冲击，但是它们也给档案信息服务模式的创新带来了发展机遇。

一、大数据时代档案信息服务研究现状

到目前为止，档案学界尚未形成一个统一的概念，但存在着这样一个

潜在的共识：大数据作为结构化数据、半结构化数据与非结构化数据的总和，不是对数据量大小的定量描述，它是一种在种类繁多、数量庞大的多样数据中进行的快速信息获取。大数据共有四个特点：一是数据量大，大数据的数据数量从 TB 级上升到 PB 级，乃至会上升至 ZB 级；二是类型繁多，大数据的数据来源种类繁多，数据形式也是多种多样，包括文本、图像、视频、网络日志、地理位置信息、用户行为信息等；三是速度快，大数据的一个重要特点就是增长速度快，有较强的时效性，很容易被其他的数据信息所替代，因此传统的数据管理模式已经无法满足快速的现代数据信息的管理分析需要，一般会采取实时分析和分布式处理方式来管理数据信息；四是数据价值具有稀疏性且相关度不高，数据量虽然庞大且蕴含着巨大的价值，但是单个数据的个体价值很小，只有将所有相关的数据进行综合整理分析之后，才可以发挥巨大的潜在价值，从而对结果进行较为准确的预测。

二、大数据时代档案信息服务模式面临的挑战和机遇

随着科学信息技术的迅速发展，人类也从信息时代跨入大数据时代。相较于传统信息环境，在大数据时代，档案用户的信息需求与档案工作者的服务模式都发生了前所未有的变化，给原有的档案信息服务模式带来了巨大的冲击。而任何新事物都是一把双刃剑，大数据在给档案信息服务带来挑战的同时，也带来了前所未有的发展机遇。目前，档案信息服务模式主要有两种：一是传统实体档案服务模式；二是现代网络档案服务模式。大数据时代的来临为这两种服务模式带来不一样的冲击。

（一）当前档案信息服务模式

当前档案信息服务模式大致可分为以实体档案为单位的传统实体档案服务模式和以网络为平台的现代网络档案服务模式。以实体档案为单位的传统实体档案服务模式是中国自产生档案服务机构以来于实践活动中逐渐产生的，并形成了一套具体完善的档案信息服务理论。以网站为平台的现代网络档案信息服务模式是伴随着网络的产生而产生的，主要是指电子档案的服务利用模式。目前电子档案服务理论还不够完善，并且存在一些实践问题。虽然如此，提供电子档案信息服务已然成为世界先进的档案信息服务模式，在中国提供电子档案利用服务也逐渐成为一大趋势，逐渐向主流方向发展。

1. 传统实体档案服务模式

传统实体档案服务模式指以往的档案信息服务机构工作人员对实体档案进行收集、整理、鉴定、保管、统计等，进而为档案需求者提供利用服务。同时该档案信息提供服务方式主要有：阅览服务、出借服务、复制供应、咨询服务、交流服务、档案证明和档案展览等。这些服务理论和服务方式是在前人的实践基础上积累和总结起来的，是人类智慧的结晶。随着社会的发展以及先进科学设备的引进，传统档案信息服务方式受到一定的影响，但在以纸质档案为主体的中国，以实体档案为单位的传统实体档案服务模式仍占据着主要位置。同时，先进技术的引进也加快和推动了传统档案服务模式的工作进程。

2. 现代网络档案服务模式

顾名思义，现代网络档案服务模式是档案服务机构利用计算机网络为档案信息利用者提供档案信息服务的一种服务模式。以网站为平台的现代档案服务模式是档案服务机构顺应时代潮流而提供档案服务利用的一种先进服务模式，该模式极大地提高了档案信息服务质量和服务效率，同时该服务模式也拓宽了档案信息服务范围，为档案服务事业的进一步发展创造了新的条件。无论是数字档案馆的网络服务，还是现代档案网站提供的档案信息，主要有馆藏档案资源介绍、档案咨询、档案政务、档案展览、档案推送等档案信息，并且大部分省（区、市）都开通了档案网站，这项举措大大提高了档案信息服务效率。现代网络档案服务模式主要为利用者提供电子档案信息服务，虽然较为简捷方便，但电子档案的安全性和准确性在大数据时代也面临着极大的挑战。

虽然这两种档案信息服务模式分别能够对实体档案和电子档案提供利用，并且取得良好的效果，但是在大数据时代，这两种模式也存在着一些问题。对于传统实体档案服务模式而言，服务理论、服务手段和服务设备等急需跟着时代的进步而发生改变，以适应现代化的需求。对于现代网络档案服务模式而言，该模式还未形成较为完善的服务理论，仍然处于初级阶段，这需要档案服务工作人员继续努力以促进其快速发展。总而言之，这两种模式既有优点又有缺点，这需要档案工作者继续为档案服务事业努力。

（二）大数据背景下档案信息服务面临的挑战

无论是传统实体档案服务模式，还是现代网络档案服务模式，在大数据时代，尤其是电子档案数据信息的快速增长，给以往的档案信息服务模式带来了很大的冲击。数据信息的快速增长及繁多的种类，给档案信息服务带来的挑战主要表现为以下四个方面，下面逐一进行分析。

1. 如何查询所需要的档案信息

随着档案信息化建设的发展，在对档案信息进行查询时，往往所需要查找的档案信息会淹没在大量的不必要的档案信息数据中，特别是对电子档案的查找，而且检索性能低下。同时，依靠人工查询有用的信息，在传统纸质档案时代是可行的。但在大数据时代，在纷杂的档案信息中查找有价值、值得挖掘的信息是很困难的，这是一件心有余而力不足的事情，这给档案信息服务的初步实现带来很大的问题。因此，如何在大量复杂的档案信息中快速而准确地查找到利用者所需的档案信息是档案服务工作人员要解决的首要问题。无论是用传统实体档案服务模式查询信息，还是用现代网络档案服务模式查询信息，大数据都为其带来了严峻的挑战。

2. 如何改变原有的服务理念和方式

档案信息服务理念和方式具有间隔性和稳定性，服务理念和方式一旦形成就很难再改变。档案信息服务理念和方式的产生是顺应当今时代的发展要求的，在相当长的一段时间内是稳定的。同时，随着时代的发展和改变，档案信息服务理念和方式也会随之改变，这就造成了档案信息服务理念和方式的稳定性和阶段性。大数据时代是一个全新的时代，不管是在传统实体档案服务模式上，还是在现代网络档案服务模式上，它对各个社会生产领域都产生了各式各样的影响，包括档案界信息服务理念和方式。因此，最基本的理论观念性问题都应该得到应有的重视，才能够在主观因素上提高档案信息服务水平和工作效率。如何在原有的档案信息服务理念和服务方式的基础上加入大数据时代的元素来顺应社会的发展和群众的需要是一个重要问题，亟待解决。

3. 如何加强基础服务设施建设

在大数据时代，档案信息服务机构基本上都引进了大量电子设备以提高工作质量和服务效率。传统的档案信息服务机构的服务设备面临着淘汰的风险。因为大数据时代的档案信息数量繁多、来源复杂、种类多样，其储存要求远远超过以往的档案信息排架以及承受能力，它急需档案信息服务机构进行基础设施建设来满足其保存和管理要求，从而提供个性化、人性化的服务。同时，档案服务机构也要解决好档案信息服务系统的运行环境及维护系统的正常运行问题以保障档案信息的完整性、安全性以及原始性。加强档案服务基础设施建设是提高服务水平和服务效率的物质条件和客观条件，这一点应该得到社会的重视。

4. 如何培养高素质档案信息服务人才

当今国际实力的竞争与其说是科学技术的竞争，倒不如说是国家人才的竞争。人才决定国家的综合实力，档案界亦是如此。若想提高档案信息服务质量，要考虑的首要问题就是如何提高档案工作者的专业素养以及综合素质。大数据时代的档案工作者不仅要掌握最基本的档案管理以及服务知识，还要学习数据分析、数据挖掘等各种计算机知识。只有掌握了这些知识，一名档案工作者才能更好地分析数据，然后做出准确的预测以提高档案信息服务水平。这点要求是对于从事档案行业工作人员的最基本的要求。在当今档案信息服务部门，尤其对缺乏数据管理人才的部门来说更要注意这个问题。

（三）大数据背景下档案信息服务面临的机遇

虽然在大数据背景下，大数据给档案信息服务带来了挑战，但它同时也为档案信息服务带来了很多机遇，无论是服务内容，还是服务模式及服务思想的转变等。这为传统实体档案服务模式和现代网络档案服务模式的新发展带来新的契机。

1. 有助于丰富档案信息服务内容

数据的快速增长为档案服务提供了丰富的档案资源，使得档案服务机构的工作内容能够打破原有的限制，而提供巨量的档案信息资源。就档案馆而言，档案资源除了储藏在本馆内的档案资源外，还可以通过网络与其他档案馆进行档案信息资源云共享。这项举措在很大程度上打破了本馆档案资源的局限性，为利用者提供丰富而有效的档案资源。由此可以看出，这些海量的档案信息资源为档案馆信息服务提供了内在的硬性支持，使其提供的服务内容更加丰富多样，满足了利用者的多方面需求。

2. 有助于完善档案信息服务方式

以往的档案信息服务模式基本上都比较倾向于被动服务，档案服务机构很少去主动服务，而且服务方式极为简单被动。最常见的服务模式是用户提出查档要求，档案馆根据其需求查找相应的档案信息资源以提供利用，并且利用者还要办理各种利用手续，程序复杂，给利用者带来极大的不便。而在大数据时代，档案服务机构可以在保持原有服务方式的基础上，利用各种电子设备和数据技术扩大服务范围，提高服务质量。同样拿档案馆来说，档案馆信息服务首先要立足于大数据背景下，在提高原来服务水平和服务质量的同时，还应积极主动地向社会发布一些档案信息，进行档案推送，提高服务效率。同时，档案馆还要积极发挥电子档案信息资源的作用，扩大电子档案信息资源的利用范围，发展档案数字化。这也就要求档案服务机构的服务方式和服务流程都要做出相应的转变以适应现代化的需要，其服务方式也要从被动式逐渐向主动式转变。

3. 有助于转变档案信息服务思想

以往的档案信息服务思想是将档案信息服务看作本机构的一种正常业务来完成，被动而又消极。而在大数据时代，档案利用者则对档案信息服务机构的服务质量和水平提出了更高的要求和期待。档案信息服务机构可以以此为契机转变服务思想，从消极被动向主动热情转变。同时，档案信息服务也要坚持以用户为中心，在满足用户个性化需求的同时也要提供更好的人性化服务。大数据为档案服务机构服务思想的转变提供了现实基础，其丰富的档案信息资源使档案服务机构为用户提供准确的解答、优质的服务成为可能。

三、档案信息服务创新研究的主要内容

大数据给档案信息服务模式带来了冲击，未来档案服务机构的核心竞争力很大程度上取决于其信息服务的能力，这就要求档案服务机构就服务方式进行创新。大数据时代是信息的时代，不仅包括繁多的数据，也包括各种数据平台，如 Web 2.0、微博、微信等。下面笔者就依托数据平台构建档案信息服务创新的方式谈一下自己的认识。

（一）基于云计算的档案信息服务

构建数字档案馆是因为数字档案馆能够使档案云服务平台被应用起来，

并且使其系统能够得到有效运营和维护，最大限度地实现档案信息云服务，满足档案信息用户的各种需求。基于云计算构建数字档案馆提供档案信息云服务已经是当前档案信息服务模式的一大趋势。

基于云计算构建数字档案馆主要是对全国的数字档案信息资源进行统一管理，为档案信息服务工作者提供便捷的服务平台。当我们在改善原有的数字档案馆服务模式以及创建新的服务模式时，我们可以借鉴丽水市云服务共享系统的成功之处，在此基础上进行调整，在保持数字档案馆档案特色服务的同时，也要满足当前利用者的利用需要，提高服务质量和效率。大体上，数字档案馆云服务系统模型包括以下五个部分：数字档案信息资源、档案云服务基础、档案云服务控制、档案云服务应用、用户终端设备。

1.数字档案信息资源

基于云计算的数字档案馆可以将多个实体档案馆、机关档案室、数字档案馆等的档案信息资源进行组合，形成一个云档案共享网络。这种方式能够很好地提高数字档案信息资源的利用率，更加全面地满足利用者的利用需求。随着机密性档案的不断公开降密，越来越多的档案信息展现在世人面前，供利用者查阅，档案信息的利用范围也越来越广。因此，为满足利用者的信息需求，数字档案馆需要不断收集实体档案馆的档案信息资源来充实档案云服务资源库。

2.档案云服务基础

档案云服务基础是实现数字档案馆云服务的基础部分。该部分主要包括服务器、交换机、虚拟机、操作系统等，是实现数字档案馆云服务的硬件要求，为数字档案云服务提供操作平台。云计算中的应用程序只是在互联网上运行，不需要在本地计算机上安装，避免了用户的安装、维护等问题。但是，我们可以肯定档案云服务在数字档案馆服务中占有基础性地位。

3.档案云服务控制

档案云服务控制是数字档案馆云服务实现的核心部分，包括数据管理、用户管理、员工管理、系统管理、系统维护等。该部分主要是对档案资源、服务器、虚拟机、交换机、操作系统等设备进行管理和控制，保证该系统的正常运行，为档案云服务的应用打下基础。

4. 档案云服务应用

档案云服务应用是数字档案馆云服务实现的重要环节。该部分主要包括档案的收集、整理、利用、保存、借阅、统计等众多档案基础管理性工作。正是因为档案云服务的应用，数字档案信息资源与用户才能连接起来形成档案云服务网络，简化档案用户的借阅程序和档案工作者的工作内容。

5. 用户终端设备

用户终端设备主要是为档案用户提供进入数字档案馆云服务平台的端口服务，这可以是任何一种移动终端，如电脑、Pad 和手机等。任何档案馆、档案室以及其他档案管理机构和个人等都可以不受限制地访问任何数字档案馆中的档案信息资源，以满足自身的信息需求。

基于云计算构建数字档案馆创新性云服务在理论上没有太多的问题，但在技术上和生活实践中却存在着很多困难，这需要档案工作者有勇气、有目标、有毅力地对原有的档案信息服务模式进行革新。随着云计算技术在档案信息服务方面的影响不断扩大，越来越多的人力、物力和财力投入档案信息服务当中，未来的档案信息服务模式将会焕然一新。

（二）基于 Web 2.0 平台构建档案信息服务互动系统

若想在 Web 2.0 背景下对档案信息服务模式进行创新，档案信息服务机构必须做好档案服务机构与用户之间的交流。我们认为，要想创新必须有创新的思维、清晰的思路。在思路创新的基础上，我们将其运用到档案信息服务机构，创立了基于 Web 2.0 的档案信息服务互动系统。该系统在借鉴NARA 的基础上结合本机构的服务特点进行创建，主要包括以下三大板块：用户板块、档案信息服务人员板块和咨询板块。

1. 用户板块

用户板块主要包括用户管理和用户认证两个部分。用户管理部分主要是负责存储和管理用户相关信息，通过用户认证后就可以获得其个性化的档案信息服务。

2. 档案信息服务人员板块

档案信息服务人员板块主要包括信息发布、资源简介、交流方式（QQ、博客、微信）等。信息发布主要是本档案机构发布给员工的内部工作信息，如值班日期、工作模式、管理规定等内部服务性和管理性文件。资源简介部分主要是利用 RSS 技术将本机构的档案信息发送给利用者，并且将文字、图片或视频档案结合使用来引起用户的兴趣。交流方式（QQ、博客、微信）则是档案机构内部提供给员工进行信息交流、发表心得体会的重要方式。

3. 咨询板块

咨询板块是用户与档案工作者进行沟通的地方。用户通过咨询板块进行信息咨询，并利用 QQ、微信、博客进行信息留言与档案工作者保持密切联系。档案工作者也可利用该板块为用户答疑来提高服务质量。

档案信息服务互动系统是一个全方位的档案信息交流平台，该平台由档案服务机构自发研制并采用 Web 2.0 技术，满足利用者的多样化需求。它是一个功能强大的档案服务互动平台，简化了档案工作者的本职任务，显著提高了工作质量和水平。此外，Web 2.0 技术在档案服务中的应用将使服务质量更加个性化和人性化，从而提高并增强档案部门的核心竞争力。

（三）关于微信的档案信息服务

腾讯研发出的新型的信息交流工具——微信，可以快速方便地发送文字、图片、声音、视频等。用户可以通过关注微信公众号来了解想要知道的信息。如今许多档案馆、档案室、立档单位等档案服务机构基本上都开通了微信公众号为广大微信用户提供档案信息服务。这项举措无疑是在原有档案信息服务方式基础上进行的服务创新。

档案服务机构创建各自的微信公众号，构建档案信息服务平台，这个平台大致包括以下几个方面。

1. 档案推送

档案工作者必须利用微信向微信用户发布并且推荐一些档案信息资料，无论是文字信息、图片还是视频等，确保微信利用者能够看到自己感兴趣的档案资料，以提高档案信息的公开度和利用率。这些档案资料不仅包括国家机关档案、社会组织档案、企业档案、个人档案等，还包括本馆特色的档案信息。同时，档案工作者也可以利用该微信公众号发布一些最新的馆藏信息，如档案馆开放信息、讲座信息、展览信息等。总而言之，档案推送这一板块主要是全面展示本馆馆藏信息与最新信息的。

2. 档案查询

档案查询主要是对用户提供查档服务，根据主题、关键词以及责任者等为用户提供相关的档案信息。服务范围包括档案馆藏资源目录体系、档案使用方法，并在帮助用户的过程中不断总结用户需求，有组织、有计划地维护好档案信息资源、档案资料等。同时，档案服务机构也要逐步提高技术水平，创建档案服务系统，提高档案信息服务的查全率与查准率。档案服务机构也要逐渐完善和丰富档案内容，无论是文字、图片还是视频，要一应俱全，为用户提供丰富的档案资料以供参考和查询。

3. 档案咨询

档案咨询是档案服务机构与用户相连接的中心纽带。微信作为新兴的信息交流媒体具有优秀的 SNS 属性，人与人之间可以进行实时交流、互动和资源共享。用户通过微信能够直接和档案工作者进行交流，一对一的交流使得双方的理解更为顺畅地进行，也能逐步建立起档案工作者与用户之间的情感桥梁。通过档案咨询，档案工作者会正确地认识到工作中有哪些不足需要改正，提高服务效率；而用户则可以通过在线咨询完整地得到档案工作者的答复，对档案工作的理解将会更加深刻，确保档案工作者工作的顺利开展。

我们认为以上三点功能是任何一个档案微信信息服务平台都必须具备的，而其他的附加功能则是由各自档案服务机构的服务方式、服务内容、服务范围等所决定，不用做太多具体的要求。各自的档案信息服务机构应有各自的服务特色，不能千篇一律。

总之，档案信息服务历来是伴随着档案发展的历史全过程，从分散服务到系统服务，逐渐完善成为一个服务体系。从古至今，档案工作实现着从重"藏"到重"用"、从为一小部分人服务到面向社会服务的重大转变。随着社会的发展，这个转变正在逐步进行。从纵向层面来看，档案信息资源至今还没有完全开发出来；从横向层面来看，档案服务机构至今还未建立起较为完善的档案信息服务模式以及体系。因此，研究档案信息服务相关内容应该发展成为档案发展事业要务之一。

在 Web 2.0 环境下，我们通过构建档案信息服务互动系统来改变原有的服务方式；在云计算环境下，我们可以通过构建数字档案馆形势下的创新性云服务来提高档案信息服务效率；在 App 软件大量出现的环境下，我们可以利用微信及其他手机 App 软件便捷地拓宽档案信息服务范围。虽然目前在理论研究层面和实践探索层面已经取得了一定的成果经验，但是我们在对档案信息服务方式进行创新研究的同时还要注意以下三个方面的问题：一是要提高档案工作者的服务意识，紧随时代步伐，重视研究、宣传和利用网络技术优化档案信息服务；二是要深化微信等平台内容、功能和资源等方面的开发与研究；三是要借鉴其他领域的成功经验，注重理论研究与实践经验相结合。

参考文献

[1] 刘健美 . 档案管理理论与实践 [M]. 长春：吉林文史出版社，2019.

[2] 李薇 . 档案管理理论与实践 [M]. 北京：北京工业大学出版社，2019.

[3] 冉文龙 . 现代档案管理理论与实践 [M]. 长春：吉林科学技术出版社，2019.

[4] 高子静，马桂钱，刘竹 . 档案管理理论与实践 [M]. 长春：吉林文史出版社，2019.

[5] 李蕙名 . 档案保护学与科技档案管理工作 [M]. 沈阳：辽宁大学出版社，2021.

[6] 毛雯 . 档案管理工作研究 [M]. 北京：中国原子能出版社，2018.

[7] 张杰 . 信息时代下档案管理工作创新研究 [M]. 长春：吉林大学出版社，2020.

[8] 莫求，杨佐志 . 档案管理工作的实践、探索与研究 [M]. 长春：东北师范大学出版社，2018.

[9] 张燕 . 大数据时代背景下的档案管理工作研究 [M]. 沈阳：东北大学出版社，2019.

[10] 赵雁 . 新时代背景下档案管理工作实践与探索研究 [M]. 长春：吉林出版集团股份有限公司，2020.

[11] 马爱芝，李容，施林林 . 信息时代档案管理工作理论及发展探究 [M]. 长春：吉林大学出版社，2022.

[12] 卢捷婷，岑桃，邓丽欢 . 互联网时代下档案管理与应用开发研究 [M]. 北京：北京工业大学出版社，2022.

[13] 李海涛 . 档案整理理论与实务 [M]. 广州：中山大学出版社，2022.

[14] 鲁艳丽 . 社会保险档案信息化工作实务 [M]. 北京：中国劳动社会保

障出版社，2021.

[15] 朱兰 . 档案管理理论研究与实践应用 [M]. 北京：中国农业科学技术出版社，2020.

[16] 周璐 . 声像档案管理实务 [M]. 昆明：云南科技出版社，2020.

[17] 张玉霄 . 数字档案信息资源安全管理研究 [M]. 长春：吉林大学出版社，2020.

[18] 张兴 . 文书工作与档案管理研究 [M]. 哈尔滨：哈尔滨地图出版社，2018.

[19] 陈超 . 档案工作的美学研究 [M]. 延吉：延边大学出版社，2019.

[20] 张蓉 . 现代管理科学方法在档案工作中的应用实践 [M]. 南昌：江西科学技术出版社，2019.

[21] 范杰，魏相君，敖青泉 . 信息化视角下高校教学档案的建设与管理 [M]. 长春：东北师范大学出版社，2019.

[22] 张林华 . 我国档案馆公共服务研究 [M]. 上海：上海世界图书出版公司，2019.

[23] 杨玲花 . 现代档案管理工作与保存策略研究 [M]. 北京：中国纺织出版社，2021.

[24] 周杰 . 文书工作与档案管理 [M]. 延吉：延边大学出版社，2021.

[25] 徐世荣 . 档案信息化建设与管理创新研究 [M]. 长春：吉林文史出版社，2021.

[26] 赵吉文，李斌，朱瑞萍 . 数字图书馆建设与档案管理 [M]. 汕头：汕头大学出版社，2021.

[27] 谭萍 . 基于大数据环境下创新型档案管理与服务研究 [M]. 长春：吉林人民出版社，2020.

[28] 张凤丽，胡雪飞，孙娜 . "互联网 +" 背景下档案信息建设的新发展 [M]. 长春：吉林大学出版社，2020.

[29] 赵芳，徐荣丽 . 高校档案工作管理 [M]. 哈尔滨：东北林业大学出版社，2018.

[30] 彭艳玲，王春梅 . 现代档案管理工作研究 [M]. 昆明：云南科技出版社，2018.

[31] 辛强，于亮，王居一 . 现代档案管理工作研究 [M]. 延吉：延边大学出版社，2018.